U0897184

武汉大学刑法博士文丛（22）

罪与非罪界定论

Discussion on the Distinguishment of Crime from Noncrime

李占州　著

中国人民公安大学出版社
·北　京·

图书在版编目（CIP）数据

罪与非罪界定论/李占州著．—北京：中国人民公安大学出版社，2011.5

（武汉大学刑法博士文丛）

ISBN 978-7-5653-0466-8

Ⅰ．①罪…　Ⅱ．①李…　Ⅲ．①刑事犯罪—定罪—研究—中国

Ⅳ．①D924.114

中国版本图书馆 CIP 数据核字（2011）第 107708 号

罪与非罪界定论

李占州　著

出版发行：中国人民公安大学出版社

地　　址：北京市西城区木樨地南里

邮政编码：100038

经　　销：新华书店

印　　刷：北京兴华昌盛印刷有限公司

版　　次：2011 年 5 月第 1 版

印　　次：2011 年 5 月第 1 次

印　　张：7.125

开　　本：880 毫米×1230 毫米　1/32

字　　数：192 千字

书　　号：ISBN 978-7-5653-0466-8

定　　价：28.00 元

网　　址：www.cppsup.com.cn　　www.porclub.com.cn

电子邮箱：zbs@cppsup.com　　zbs@cppsu.edu.cn

营销中心电话：010-83903254

读者服务部电话（门市）：010-83903257

警官读者俱乐部电话（网购、邮购）：010-83903253

法律图书分社电话：010-83905745

总 序

依法治国、建设社会主义法治国家已成为我国的基本治国方略，而刑事法治是社会主义法治的重要组成部分。因此，以刑事法治为研究内容的刑法科学也一直受到国家和社会的重视。改革开放以来，我国的刑法学研究取得了长足的进步，研究领域日益扩展，研究层次不断提高，呈现出空前繁荣兴旺的景象。这一大好局面的取得，离不开几代刑法学人的奋斗，其中也包括刑法学博士研究生们的努力。他们风华正茂、思想活跃、勤于探索、刻苦钻研，所撰写的博士论文一般来说选题合理、资料翔实、思路开阔、论证充分、精品迭出，为刑法理论的完善与发展作出了贡献。

武汉大学刑法学科从 1987 年开始招收博士生，在将近 20 年的时间里，为社会输送了一批又一批高质量的人才，同时也使博士点本身得以不断发展与壮大。武汉大学刑法学的博士研究生们关注刑法基础理论的研究，重视学位论文的撰写，他们的论文大多具有真知灼见，理论水平较高。一部分论文出版之后，在社会上得到好评。进入新世纪，由于博士生招生规模的扩大，每年毕业的博士生数量大增，优秀博士论文的数量也相应增多，以往每年出版两本毕业论文的规模已经跟不上形势的发展变化。如果优秀的博士论文因各种原因不能付梓，研究成果无法与读者见面，既不利于理论成果的社会共享，也不利于年轻学者的脱颖而出。有鉴于此，我们与中国人民公安大学出版社洽商，设立“武汉大学刑法博士文丛”，出版社慨然允诺，给予支持。这样每年出版一批优秀的刑法学博士论文，形成规模效益，可以凝聚成一股学术力量，为刑法学界增添较有分量的学术成果。

“武汉大学刑法博士文丛”由武汉大学法学院刑事法研究中心的教授组成编委会，负责编辑出版事宜，以每年答辩的刑法学博士论文为选择范围，审慎选择其中优秀的博士论文逐年编辑出版。“武汉大学刑法博士文丛”的质量，取决于入选论文的水平。它的社会评价的高低，是检验武汉大学刑法学博士点教学研究水平的试金石。希望我们的博士研究生能够潜心治学、求真务实、重视创新、锐意进取，写出高质量的博士论文，使这套文丛不断有优秀著作问世。

最后需要提出的是，多年来中国人民公安大学出版社给予了武汉大学刑法学科大力支持，“武汉大学刑法博士文丛”的顺利出版正是这种支持的又一具体体现。借此机会，我本人并代表编委会谨向中国人民公安大学出版社表示由衷的感谢！

马克昌

2006 年夏于珞珈山

目　录

第一章

罪与非罪界定概述

刑法领域不仅是个静态体系，更是一个动态的运行系统，诸种构成要素在不同环节各司其职。在刑法运行过程中，罪与非罪、此罪与彼罪、数罪、量刑情节等作为静态的范式存在的同时，也受到封闭系统外部因素的影响，故刑法适用这个广袤的命题中的诸多问题引得多少法律人孜孜不倦的求索。罪与非罪作为法律思维的重要一环，更是不容忽视。纷繁的案件事实与抽象的法律规范间的冲突，使得罪与非罪之间的界限并非清晰可见，它更需要我们对相关问题予以厘清。我国刑法通说将罪与非罪界定放在犯罪构成上，行为是否构成犯罪，犯罪构成予以平面性、一次性的判断，缺乏阶层性，并且犯罪构成本身存在着一定的矛盾，使犯罪论体系的体系性遭到了破坏。基于人权保障、体系性、现实性出发，需要对罪与非罪的界定过程做科学的思考，以克服其存在的矛盾。

第一节 意 义

为了确保罪与非罪界定的准确进行，需要对此进行系统性的研究，需要对诸如行为、犯罪本质、界定过程中的价值取向、犯罪构成进行深入的探索，需要对上述内容进行新的阐述，而这些研究对于发挥刑法规范的社会功能，以实现打击犯罪、保护社会和人权保障的有机统一有着重要的意义。

一、罪刑法定原则的体现

罪刑法定原则的出现奠定了现代刑法的基石，标志着刑法告别野蛮步入文明的新时代。启蒙运动掀起的这场革新，变动了既存的各类社会秩序，唤醒了沉睡的人性，建构起了有别于以往的社会、经济、政治、文化体系。将罪刑法定原则贯彻到刑法领域，使之成为立法、司法的基本准则，不仅要从规范意义出发把握其制度层面显性的特征，更要注重其深层次的价值追求，在司法运作中为罪刑法定原则寻求实现途径。罪与非罪的界定，是司法运作中首先要解决的问题，反映了不同历史时期、不同社会背景下的社会危害性程度，相应地要求国家对行为科以刑罚。基于权力的排他性和人权的保障性，罪与非罪界定的相关考虑因素必将践行罪刑法定这一原则。

在一定历史时期，刑法主观主义立场一度占据思想争鸣的鳌头，且对现代刑法理论尤其是刑罚论产生了深刻的影响，其固然开拓了社会防卫、罪犯矫正等一系列制度，但其缓和批判罪刑法定原则的做法引来不少诟病，加上其过度关注于行为人的危险性而易于陷入一种形而上的危险，必然与罪刑法定原则的客观主义要求相背离，也不得不诉求于客观主义的后盾。如今，古典学派所倡导的客观主义又重新占据了主流，其提倡严格遵循罪刑法定原则，当然它也吸收了主观主义中对个人主观恶性把握的内容。罪与非罪的界定，自然也经历了这一历史转变，在严格遵循罪刑法定原则的框架内，合理地将行为人的主观恶性、非难可能性加入考量，但并不突破罪刑法定原则法律至上和明确性的要求。

在司法适用过程中，裁判者判决的形成是在刑法条文中寻求对案件事实的适用，其逻辑思维必然忠实地体现刑法条文的逻辑结构。罪与非罪的界定，是裁判者选择适宜的刑法规范适用于案件事实过程中的重要工作。罪刑法定原则重要的内涵便是“法无明文规定不为罪，法无明文规定不处罚”，裁判者的思维活动必当遵循刑法规范的立法体系，罪与非罪判定的逻辑顺序与成文法之间必是贴合的。罪与非罪界定体现了不同国家的法律思维传统，也体现了不同国家刑法规范的体例。

社会危害性是犯罪的本质属性，行为是否具有社会危害性是罪与非罪需要考虑的首要问题。但社会危害性是一个政治性强、规范性弱的概念，如何在入罪与出罪环节把握行为的社会危害性，使其并不突破罪刑法定原则的界限颇为重要。在不同社会形势下，行为的社会危害性可能会发生变化，社会容忍度有所不同，立法、司法主体对其把握也会有所不同，故对入罪、出罪皆可能产生影响。因此，刑法条文辅之以刑事司法政策，应反映不同历史时期的国情、社情，也反映了入罪、出罪的现实需要，反过来说，罪与非罪的界定实现了现行法律条文对犯罪行为的规制。

二、良性司法运作的实现

在现代法治社会里，司法系统是否良性运转是社会公正得以实现的保障，且是国家法治进程文明程度的反映。司法系统内活动的主体或是身担责任的法官、检察官，或是具备了某种资格的律师，或是因犯罪行为被追诉的行为人，等等。司法系统相对来说是一个封闭的场域，[①] 以保障及实现司法的独立及公正，故司法场域的参与主体遵从固定、专业的规则以特定的语言表达各自的法律思维，以期实现诉讼的实体和程序功能。法律思维是一种按照法律的逻辑来观察、分析和解决社会问题的特殊思维形式，它是指在公共决策中和私人决策中，根据法律的品性对人的思维走向进行抽象、概括所形成的一种思维定式，是受法律意识和操作方法所影响的一种认

① 场域一说参见张心向著：《在规范与事实之间——社会学视域下的刑法运作实践研究》，法律出版社 2008 年版。

识社会现象的方法。[1] 法律思维体现在司法场域运行过程中，便是凝结了的司法逻辑和经验，其内涵丰富，包含专业的处断规范、程序要求、论证方式、推理办法等。

一个行为因其“社会危害性”（至少是外在初步判断所认定的）而被纳入刑事司法场域评价，首要解决的问题便是“是与否”的问题，该行为是否构成犯罪，司法程序是否继续进行。若忽视这个问题，人权必将遭强权的任意践踏，刑事法治便无从谈起。这里暂且不谈法律思维培养的外部环境、内在结构等本体问题，就说将罪与非罪界定标准的意识内化到法律思维中去，使得侦查主体、起诉主体、裁判主体均将其作为公务行为是否开展的判断先决，尤为重要。刑罚权的发动并非任意，司法权除体制、程序上的限制外，也有其内在的价值要求，司法主体的评价对象针对的必须是客观的、可判断的行为，且必须是应受刑法处罚的行为。法律思维的判断中要排除仅凭行为人的主观意思定罪，也要将法律与伦理区分开来，还要将犯罪行为与一般违法行为区分开来，更要避免无罪推定。

无论是德日体系判断犯罪成立的构成要件符合性、违法性、有责性的三阶层论，还是苏联刑法的构成要件四要素论，都是立足于解决司法中的定罪问题，皆要负担起一定的刑事诉讼机能。如此说来，罪与非罪界定中的入罪标准与出罪因素，皆会反映在司法主体逻辑思维的过程中，且是前瞻式的判断。罪与非罪界定范式的变迁，通过刑法规范折射出来，更深入的是影响到刑事诉讼主体的思维及活动。同时，罪与非罪界定范式内的诸要素属性及构成，亦决定着诉讼活动中的不同事实因素的举证责任承担、证明程度的要求等。这样，刑事司法运作过程朝理性化、良性化态势发展便有先决保障。

---

① 胡兴元:《法律思维的本体解析》，载《安徽农业大学学报》（社会科学版）2009 年 9 月第 18 卷第 5 期，第 51 ~ 52 页。

三、正当权利保障的途径

权利是社会主体追求一定利益的资格。利益是人在社会中生存和发展的动力，但只有利益本身及其获取方式得到社会共同体其他成员的同意、认可，它才具有正当性，才能够成为权利。随着社会物质文明的发展，社会主体的自由、权利意识逐步明显。正如马克思曾经说过的：权利永远不能超出社会的经济结构以及由经济结构所制约的社会的文化发展。[①] 权利的内涵是伴随着社会文明程度的发展而丰富起来的，法律对权利的保护与公权力对私权利的介入程度也是个此消彼长的概念。如果过分干涉个人的自由，就会抑制个人的创造性，从而阻碍社会的发展。国家只有保障个人充分的自由，才能让社会主体更大限度地发挥个人的主观能动性。

诚然，明确罪与非罪界定的问题，其意义并不仅仅惠及司法诉讼主体，也辐射于共同体中的自由主体。若行为的罪与非罪界限不明晰，虽有少数人心存侥幸，但大多数人将生活在一种惶恐不安中。若公权力肆意地以追究犯罪为由，任意地限制个人自由、侵入个人生活空间，人们的生活则到处充满了司法机关的影子。只有合理划清罪与非罪的界限，明确公权力介入的界限，才能更充分地保护公民的自由。"无行为无犯罪，无犯罪无刑罚"，只有足以发动刑罚权评价的行为才能对行为人动以强权。某些行为貌似侵害了一定的社会利益，但其行为主体具有出罪的正当化理由或行为主体在行为时的情境下并不具有期待可能性，刑罚权都不得任意对自由个体发动。

四、刑罚价值实现的前提

刑罚价值是指刑罚所具有的内在品质，刑罚所具有的满足社会需要的属性和功能，是刑罚对社会及其社会主体的效用。刑罚价值

① 参见《马克思恩格斯选集》第3卷，人民出版社1960年版，第12页。

其实也是国家制定、适用、执行刑罚所要追求的价值目标，与社会历史条件、政治经济制度和经济社会发展的程度紧密相连。刑罚作为刑法规定调整社会关系的特定法律后果，是社会的调节器之一，在与社会、社会主体发生联系前，刑罚只具备潜在的价值，只有当刑法介入社会并将之适用才能体现其价值。不同社会历史时期，刑罚思想不同，刑罚价值理论不同，由此亦决定了刑罚价值取向的多样性。

罪与非罪的界定作为司法活动过程中的重要阶段，为之后罪名的确定、罪数的确定、量刑奠定了基础，为之后刑罚的宣告、执行明确方向。刑法规范的调整手段最终归结为“刑罚”二字，刑罚适用的价值也体现一切刑事活动的归结。我国现今学术界对刑罚的价值多有论述，主要理论有刑罚价值二元论、刑罚价值双层系统论、刑罚价值多层系统论等，诸种学说从多层次、多角度展开，进一步丰富和深化了刑罚价值的内涵。国外刑事古典学派与刑事实证学派在不同的历史背景下，出于不同的理论根据对刑罚价值亦有不同观点。基于对封建制度下刑罚残酷、滥用等弊端的抨击，刑事古典学派对刑罚的合理性、必要性、正当性根据进行了探析，形成了功利主义和报应主义的刑罚理论。报应主义学者认为，刑罚的价值在于正义的实现，在报应论中又分为道德报应主义和法律报应主义，主张等量或等质的报应，分别以康德和黑格尔为代表人物。从哲学思潮中演化而来的功利主义刑罚价值观，贝卡利亚、边沁、耶林是其中的代表人物，主张刑罚的价值旨在追求一定的功利效果。刑事实证学派完全推翻了刑事古典学派的论述，认为刑罚正当根据在于社会防卫的手段，刑罚针对的是犯罪人的人身危险性，而非业已发生的犯罪行为，故刑罚的价值在于防卫社会、矫正罪犯。笔者认为，上述诸说从不同侧面探讨刑罚价值问题，丰富了刑罚价值理论，价值问题在哲学中向来是众说纷纭的问题，本书无意探讨价值具体内在，仅为剖析罪与非罪界定作为司法活动的存在实现刑罚价值的手段意义。

将一个行为作为犯罪来评价，实现了法律的确证，也将刑法规范所内含的法律后果施于该行为。而刑罚作为最常见的刑事责任承担形式，实现对犯罪行为进行否定评价，从这个层面来说，刑法确证某行为是否构成犯罪便是刑罚报应价值实现的重要一环。刑法评价行为是否构成犯罪依据的是刑法规范类型化的规定，类型化规定的意义并不仅在于规制司法权力的滥用，也在于为社会一般人、潜在危险分子所感知，从这个层面上说，刑法对某行为是非的判断便是刑罚防卫价值实现的桥梁。

第二节　罪与非罪界定的价值取向

利益，是社会个体追求、满足自身需要的内在动力，反映了个体之间及个体与物质世界之间的依存关系。马克思说："人们奋斗所争取的一切，都同他们的利益有关。"① 行为人实施一定的犯罪行为也是基于内心的需要动因，故意或过失地侵害或威胁个人、社会、国家的具体利益。刑法是国家保护具体利益，救济侵害或威胁的部门法。刑法对社会秩序进行着极为广泛的保护，几乎涉及所有法律部门的调整范围，以严酷的刑罚作为社会关系的最后调整手段。故国家动用刑罚评价时应当慎重，无论是立法还是司法中的罪与非罪界定的价值取向，都直接关系到刑罚权适用在过分扩张与过分限制之间的均衡。

一、法益保护的价值取向

法益，是法律所保护的利益或价值。刑法之所以认为某种行为构成犯罪，便是基于保护行为侵害的法益。法益概念的提出，是就犯罪在本质问题上对权利侵害说批判基础上发展起来的。法益从被犯罪行为侵害的角度来说，就是侵害的客体，从刑法对犯罪科以刑

① 《马克思恩格斯全集》第1卷，人民出版社1960年版，第82页。

罚保护的角度来说，就是保护的客体。但法益并非一个明确的概念，如宾丁认为："规范之所以禁止引起某种结果，一方面，是因为所禁止的行为可能造成的与法的利益相矛盾的状态，而另一方面，行为前的状态是与法的利益相一致的；不应通过变更而被排除的所有这些状态，具有法的价值，这就是法益。""宾丁一方面认为法益包括人、物及状态，即现实可能受侵害、被攻击、遭破坏的有形的、物质的现象是法益，另一方面又认为，在重婚、通奸、近亲相奸、反自然性行为、虚伪宣誓等犯罪中，所谓行为价值乃至规范的妥当状态也是法益。这便导致其法益概念的繁杂性与不明确性。"[①] 李斯特认为："法益，是法所保护的利益，所有的法益都是生活利益、个人的或者共同社会的利益；产生这种利益的不是法的秩序，而是生活；但法的保护使生活利益上升为法益。"[②] 李斯特的第一版《刑法教科书》将法益分为个人法益、社会法益和国家法益三种类型。在此分类的基础上，李斯特又提出了犯罪类型四分法，即对个人法益的犯罪、对社会法益的犯罪、对国家法益的犯罪以及对拟制法益的犯罪。而之后的结果无价值主义论者则尽量通过法益概念具体化、概念化，以实现违法判断的明确化，进而保证刑法的法益保护机能能够体现宪法的自由主义价值观。在德国刑法理论中，法益长期占据着理论核心的地位，一方面是基于其在刑法解释学上的重要意义，另一方面其还承担着行为是否应该犯罪化的体系评判任务。同时，法益保护理论在司法实践的作用也不容忽视，它为司法诉讼主体提供了确定罪与非罪的具体裁判标准，无法益侵害便无犯罪。[③] 对于刑事违法行为，只有其具备形式上违法的特性，才能从规范上进一步确认其成立犯罪的实质特征，法益侵害从

---

① 张明楷著：《法益初论》，中国政法大学出版社2005年版，第31页。

② 转引自张明楷著：《外国刑法纲要》，清华大学出版社2007年版，第53页。

③ 对没有法益便没有犯罪的观点不是没有争论，有观点认为没有法益但有犯罪，但此说遭到批判，批判者认为该观点是对法益认识不全面所致，现一般的观点倾向认为没有法益便没有犯罪。

这个意义上来说具有显性的表征意义。

确立法益保护观念是实现罪刑法定原则、司法规范化的要求，罪与非罪界定概莫能外。首先要明确的便是法律与伦理的界限，将行为作为犯罪评价的目的是保护法所应当保护的利益，单纯违反道德的行为不应当作为犯罪来处理。例如，同性恋、通奸行为若单纯违反了社会的伦理道德，并没有给他人、社会乃至国家的利益造成实质的损害，就不应作为犯罪处理。但在伦理维持论者看来，这些行为虽然没有给他人法益造成实质侵害，但违背了社会道德秩序，否定了其行为存在的正当性，故应作犯罪处理。虽法律和道德从发展史上来说具有同源性，且均系社会调控手段，但法律由国家权力通过规范条文的形式固定下来，通过具体的权利义务关系作用于具体行为，着眼于现实行为的合规范性，对行为者善或恶的心性本身并不予以直接关注。而道德是以善恶标识关注个体的内心存在，和法律同为上层建筑，因其关注人性自身评判，较抽象弹性，故其具有相对的历史延续性，现实中出现法律和道德不一致的地方也就不足为奇。有的行为为道德评价标准所容许却为法律所不许，有的行为能引来道德上的怜悯却为法律秩序所不容。同时，道德规范在同一历史条件下，还具有多样性的特性，因其存在于个体思想中，一般对不同的道德观社会抱以相对宽容的态度。刑罚作为严酷的强制存在，不能横加干预个体的思想意识，社会会陷入一种专断，没有开放的思想的社会必然停滞。故罪与非罪所要考虑的仅限于对他人造成严重侵害或严重侵害危险的行为。

当今社会是一个信息社会，社会处于前所未有的高速发展中，但也带来了巨大的风险，增加了社会的不安感。药品和食品安全事故频发、环境日益污染、安全事件突发，一系列新型社会事件考验着社会风险预防体系。面对社会主体、社会所处环境风险的增加，传统政府职能在发生转变，由消极的不作为转向积极的防控与服务。在如此背景下，刑法作为社会防卫的最后一道屏障，随着社会需要保护的社会关系变化，进入刑法视野以犯罪评价的法益必会发生变化。有的法益会随时代发展有了新的内涵，也有未曾存在的法益出现需要刑法保护，也会有既存法益的犯罪化与出罪化。许多危险一旦发生，不可挽回，会造成难以弥补的损失。虽然刑罚本身会给人带来不良的影响，但是为了保护善良人的利益，目的是正当的，也是必要的。“每条法律规则本身是一种恶，因为它的目的仅仅是规范权利的行使，并且规范某项权利的行使必然会对其加以限制。另外，对于每一个对权利施以制裁、使之不受侵犯并且免予危险的法律规则又是一种善，因为由此它实现了其正当的目的。因而如果法律是一种恶，它也是一种必要的恶。”① 这也考验着传统的犯罪评价标准，仅在对法益造成客观损害结果时对行为发动刑法评价，已不能满足社会秩序控制的需要，也不利于社会的进一步发展。风险社会的出现，不仅将严重侵害发生的危险纳入犯罪评价的客观要素，更对主观罪过、因果关系的判断带来了新的考验。同时，随着社会发展，职务性、社会化的不法侵害出现，其造成更大范围的影响。现今法益表现形态日趋多样，突破了单纯个人生命、身体、自由、财产等内容，社会成员之间联系的紧密使社会共同体成为一个利益共同体。许多犯罪行为转化为社会事件，危及集体法益，破坏了社会成员共同的经济、政治、文化存续基础。这都对罪与非罪的界定产生了深远的影响。

二、人权保障的价值取向

在我国历史漫长的封建社会里，封建皇权至高无上，在民众的行为中命令的服从多过应得利益的争取，刑律作为强权的象征用于镇压民众的积怨及所谓的异端行为，民众或违反刑律或站在刑律的对立面。自进入市民社会以来，人权成为人类社会所普遍追求和不断完善的价值理想，刑罚也摆脱了残酷、野蛮的桎梏，以一种人道的方式存在，刑法的适用向有章可循、可预期的模式转化。刑法是

---

① Beudant, Le droit individual el l etat, 1891, 148. Cf.

犯罪人的人权大宪章一说应然而生。正如韩忠谟所言，“刑法之机能，尚不以维护社会秩序为限，依法治国家之通则，罪与刑皆由立法机关制定法规，明定其范围，借免政府权力之擅断，因此，刑法又能发挥如下作用：（1）对于一般社会而言，保障社会各分子，凡未有违反刑法规范之行为者，皆不受国家刑罚权之干涉。（2）对于特定犯罪人而言，并保障其不受超越法律范围之处罚，亦即保证国家绝不设置违反人道或蔑视人格尊严之残虐刑罚。刑法之具如斯作用，堪以保障的机能称之。德日诸国学者甚至谓刑法为犯罪人之‘大宪章’，其故在此”。[①] 由此可见，人权保障系刑法的基本机能，其实质在于通过对国家权力的限制，以防止其恣意扩张和滥用，实现个人自由保障的意义。人权保障不仅是针对因犯罪行为而被追诉的犯罪人，使其仅因自身的犯罪行为而负担相应的责任，并以法律所预先规定的刑罚为限，刑罚的适用也必须遵从人道的执行方式；人权保障是就一般社会个体而言，刑法自发生效力之日起宣告于社会，其从行为规范的角度来说具有普遍适用性，刑法作为规范不仅具有否定评价恶的行为一面，也具有肯定为善行为的一面，这与基于保障未触犯刑法之人不受刑罚处罚的逻辑意义是一致的。

罪与非罪的界定作为刑法适用的重要一环，毋庸置疑要追求人权保障的价值。刑罚始于罪的认定，系社会价值体系中最严酷的评判，无限扩张是权力的本性，若权力得不到理性的约束，后果将不堪设想。首先，体现在罪与非罪界定活动中的是制约的基调。人权是现代以法治国的内在精神，罪刑法定原则也成为了现代刑法的基本原则，刑法遏制的对象不仅是个人，更重要的还是国家，公民应作为刑法的主体而非对立面存在。从立法来说，所有应受刑法评价的行为皆在刑法规范中予以类型化规定，可进入犯罪评价体系的行为具有内在质的同一性。虽因刑事立法技术所限，刑法条文表述上

---

① 韩忠谟著：《刑法原理》，北京大学出版社 2009 年版，第 8 页。

无法做到绝对确定，但明确废除1979年刑法的类推制度，标志着我国刑事立法的一大进步。从司法层面来说，罪与非罪的界定要严格以法律为准绳，不得跳脱出刑法的预先设定，要遵照立法者立法时划定的刑事裁判权限，排斥类推制度、重法溯及既往制度。罪与非罪界定关系的主体是国家与犯罪人，国家拥有强大的权力资源体系，拥有评判的绝对话语权，在强大的国家权力面前，犯罪人的力量是非常弱小的，二者间的地位毫无平等可言，且国家权力只有中立、公开才能为公众所信服。这就要求罪与非罪的司法运作过程必须被预先置入一个公开透明的“笼”内，这就是规则和程序。实现对犯罪裁判权制约的规则和程序是公共意志预先创设而来，其不仅包括之前论述过的实体规定，也包括一系列程序的步骤和要求，从而实现罪与非罪界定过程的理性化。

其次，相关罪成立标准的变迁。我国传统社会是一个民刑不分、刑法泛化的社会，当刑法的调整范围与其他部门法之间普遍存在着重合与交叉，传统做法经常过度动用刑罚的手段，将行为纳入犯罪体系评价。但刑法毕竟只是维护社会秩序的最后一道防线，其调整方法具有严酷性、成本高等弊端，如若能通过其他法律制度的调整，实现刑法与其他部门法的交叉和空白地带良性调控，对平复社会矛盾及建构和谐的社会秩序都大有裨益。同时，若社会的文明程度越高，社会越稳定，人们对犯罪的容忍度越大，司法过程运用犯罪评价的手段就会有所节制，尽量采取缓和的方式处理罪与非罪的界定，重视对行为人的教育和矫正而非一味地打击。另外，罪与非罪的界定严格依据法律的规定，也要注重刑事政策的考量，全面考察入罪评价的必要性及所带来的社会效果。和谐社会背景下宽严相济刑事政策的提倡，体现了以人为本的社会主义核心价值体系，对行为客观危险性和行为人主观恶性不同的犯罪在处理方式上轻重结合，有的放矢地予以微调甚至于实践中的出罪化处理，有利于轻微犯罪者早日回归社会，用较小的司法成本实现刑法的价值，有利于国家集中成本打击严重的刑事暴力犯罪，也体现了刑法谦抑性的理念。

三、法益保护和人权保障的平衡

法益保护着眼于规制犯罪和社会秩序的维护，其倾向于保护刑事被害人的利益和社会规范的恢复，而人权保障着眼于个人自由的保障，其更注重于刑事被告人以及社会个体的权利维护。大多时候，法益保护与人权保障并非和谐并存的，二者存在此消彼长的关系。在认定罪与非罪的过程中，一方面通过罪的确证来实现法益保护的目的，另一方面要尽可能保障被追诉的个体的合法权利，确保其不会因错误的追诉蒙受冤屈，也不会因不合理的对待遭受痛苦。因此，有着本质区别的法益保护与人权保障之间是紧张的对立。

罪与非罪界定中的法益保护与人权保障体现了社会本位与个人本位之间的博弈。在中国传统社会里，个人从未独立出社会，一切社会关系的基础在于宗族，个人本位无从谈起。从血缘脱胎而来的宗法制度与政治制度紧密结合，“家”构成了“国”的基础，“家长权威”不可动摇。封建等级制度、礼教制度森严，“君君，臣臣，父父，子子”，“刑不上大夫，礼不下庶人”，正是这样的观念贯穿了中国封建社会两千多年的历史，巩固了封建统治者的统治秩序。强权政治下的“诸法合一，民刑不分”，将大量对个人权益的侵害视为对国家和社会的侵害。国家观念的强大、权利观念的缺失，法律尤其是刑法成为君主控制统治的暴力手段。这里值得注意的是，法益保护是现代刑法确立罪刑法定原则前提下的概念，与封建时代的国家保护概念不可混谈，但过度的国家本位、社会本位必然导致个人权利的牺牲，这在任何时代都是不会改变的。中国现今步入市场经济快速发展、经济体制全面改革的新时期，个人主义的思想逐渐渗入社会结构之中。公共管理领域与私人自治领域泾渭分明，公共权力不再是无所不能的包办者，权力的动用要正当、适当，个人权利不得随意剥夺，更不能任意被牺牲。

罪与非罪界定中的法益保护与人权保障背后是个人自由与社会

秩序冲突的推力。自由，是人类从蒙昧的专制社会脱离，挣脱压制的桎梏而努力争取的。社会个体在社会结构中相对独立地存在，基于一定利益理性地驱动自身为或不为，理性个体内含着自由的意志和自由的行动，也总是包含着非理性的成分。但个人终非完全独立、疏离的，其生存、发展依赖着一定的自然条件、社会条件，也受制于社会联合体的其他个体。个人为进一步发展而结成的联合体，也并非无序的，是建立在一定的规则之上，以创造有利于个体更大限度自由发展的环境。自由与秩序就是一对矛盾的双生儿，在社会的发展中循环往复地冲突、前进。

刑法是国家依照自己意志制定，维护统治秩序的产物，是国家意志和利益的集中体现，社会保护自然是刑法本身的内在之意。而罪刑法定原则的确立则明确了国家刑罚权行使的界限，限制了刑罚权的动用，使得社会保护的价值不得不受到人权保障的制约。法益保护与人权保障不仅是应然层面抽象的价值取向问题，更是委于司法实践解决的问题。二者关系如何？众说纷纭。笔者认为，二者既相互区分，又应统一对待，人权保障先于法益保护。

首先，从罪与非罪界定的本身性质出发，罪的认定是司法诉讼活动的重要组成部分，探讨其科学性、可操作性反映了诉讼文明、法治的进步，进一步探究了司法运作的正当、合理。罪与非罪界定的范式，对于社会一般人规范自身行为有指导性意义，对刑事被告人充分行使辩护权利、加强自我反省和改造都有影响。进行罪与非罪界定的研究，提升了权利保障的空间。刑事诉讼活动的启动是恢复遭犯罪行为侵害的社会秩序，保护受侵害的法益，也为了救济刑事被害人的权利，安抚社会大众的不安心理。而人权保障在刑事司法诉讼中，虽大多是通过被告人权利的保障予以落实的，但其也赋予社会一般人无罪推定的自在。由此可见，法益保护系刑事诉讼活动的直接动因所在，而人权保障则系诉讼活动的显性要求，更是和罪与非罪界定研究的出发点相契合。

其次，人权保障优先是建构和谐社会的内在要求。中共十六届四中全会明确提出建立民主法治、公平正义、诚信友爱、充满活力、安定有序、人与自然和谐相处的社会主义和谐社会，并将其作为重要的战略目标要求实现。和谐社会，是一个以人为本、遵从发展的理性社会。保障公民的合法权益，是建构和谐社会的内在要求。和谐社会是发达、文明的，但并非没有社会冲突，而是强调在社会制度的构建上要最大限度地减少冲突、消融社会矛盾。这对于确立正确的犯罪观，实现犯罪的有效控制是很有意义的。我国现正处在从同质的单一性社会向异质的多元性社会转型过程中，利益多元化，又缺乏相应的利益诉讼机制，新类型的社会矛盾不断涌现。在这样的社会背景下，我们不能过分依赖刑法对犯罪的控制，不能过度迷信刑法打击犯罪的作用。我们应建立多元的社会矛盾诉求、解决机制，通过社会改良控制犯罪，确立以人为本，构建适宜个人生存和发展的和谐社会环境。

最后，现行刑事政策确立了罪的评价中人权保障的基调。刑事政策是运用刑法武器同犯罪作斗争的策略、方针和原则，影响着刑事立法和刑事司法的基调。刑事政策与刑法一样均以犯罪为治理对象，是实现人类防控犯罪目的的工具，蕴涵了特定的社会需要和价值追求。自 2005 年 12 月 5 日宽严相济的刑事政策在全国政法工作会议上首次被提出以来，该表述多次见诸最高人民法院、最高人民检察院的工作报告、会议纪要，在党的十六届六中全会通过的决定中明确了“实施宽严相济的刑事司法政策”。宽严相济刑事政策是对旧的惩办与宽大刑事政策的扬弃，是对以往严打政策过度依赖刑法打击犯罪功能的清算，改变了以往过分偏重秩序和效率的追求，矫正了忽视人权保障的偏差，直接影响了行为的入罪或出罪的判断，使得裁判主体在罪的认定上谨慎动用刑法，以实现“该宽则宽，该严则严”。宽严相济刑事政策通过对现行社会条件下社会危害性的灵动把握，对罪与非罪的界限发生作用。罪刑法定原则固然是刑事立法与司法的帝王原则，但并非僵化的条文，更须司法裁判者审时度势的张弛裁量，自由裁量权不可避免。这绝非对个人自由的任意侵犯，毕竟刑法条文“数额较大”、“情节严重”等弹性规定存在，由中立、专业的裁判者对弹性规定在特定情境的程度进行解读是法治社会的必然选择，也从反面排除了非理性因素介入及权力干扰，从而实现普遍意义的人权保障。对不同社会政治、经济、文化条件下某一类型行为的社会危害性把握，宽严相济刑事政策的指导意义明确，若该类型行为现时频发、社会影响恶劣，对于介于罪与非罪之间的行为就会从严惩处。从严惩处不能和“严打”画等号，不是单纯地依赖打击犯罪以维护社会秩序，从严惩处要和从宽相结合，也要注重人权保障。更重要的是，宽严相济刑事政策对罪与非罪认定的作用也是有界限的，不能突破罪刑法定原则，即法无明文规定不为罪，只有这样个人的自由才能被保障。

第三节　罪与非罪界定的研究方法论

一般认为，刑法学在本质上是以“规范”为研究对象的学科，同时也是经验的学科、分析的学科，从中可以看出其既有主观性，又有实践性。正是价值评价与实践分析的双重属性，使刑法学的研究方法和经济学、自然学、文学学科存在重大的差异。就刑法学本身而言，它试图解决和回答法律实践问题，但是在解决实践问题的同时，还要考虑其规范的价值意义。由于目前刑法所调整对象的复杂性，使得刑法学与其他各学科相互交叉的趋势越来越明显，那么作为刑法学中重要部分的“罪与非罪界定论”的研究方法也不得不采用多样化的方法来解决实践中出现的越来越多的疑难问题。正是由于刑法学研究方法多样性的特征，需要引入哲学、社会学、历史学等各学科的研究方法，才能切实有效地使罪与非罪界定过程中正确的价值判断与社会实践相符合。其中就实践性而言又分为逻辑实证主义和经验实证主义两种方法。价值分析方法的基本问题是“法律应当是怎样的，注重对法律的诸如自由、正义、效率、平等价值进行解释”。[①] 而实证主义是以感觉经验为基础的，以操作性极强的逻辑形式来检验、推导出概念和命题。[②] 经验实证主义的特点是以可以观察和描述的事实来概括或检验命题和概念。[③] 具体而言，本书研究方法为分析的研究方法、综述的研究方法、哲理的研究方法。

一、分析的研究方法

在如今复杂的社会现象中，分析的研究方法赋予法律以合理性的要素使其成为有效的社会控制体系。这些要素具体包括法律（在此而言指的是刑法条文）、解释方法、目的。这里的刑法条文并非仅仅指狭义上的刑法典，它是一套包括刑事诉讼法、司法解释等与之相关的明确规定的刑事法体系。解释方法是指一套针对刑事法的解释及适用方法以及因果关系认定方法的法律理念，在处理具体案件时在刑事法体系中总结出判决的依据和适用这些法律的一系列的解释方法，通过解释方法可以真正挖掘出刑事法中蕴涵的精神，通过对刑事法律规范的扩张解释和缩小解释，以解决现实生活中出现的形形色色的案件。目的则是指一系列的有关针对法律最终目的及其政治、哲学、道德观念，根据这些观念，使上述解释方法在具体的法律判决得到不断的印证、不断的发展，不断地赋予解释方法以新的内容。上述三要素在司法活动运行过程中，不断得以发展，法律解释赋予刑事法体系以生命，给具体案件活动以指导方向，同时刑事法体系本身也在这一过程中不断得到发展，更适应社会实践的要求。

在研究罪与非罪界定时，应以刑法规则的存在为前提，通过观

---

① 孙笑侠著：《法理学》，中国政法大学出版社 1996 年版，第 10 页。

② 张文显著：《二十世纪西方法哲学思潮研究》，法律出版社 1996 年版，第 77 页。

③ 刘雪斌：《改革开放三十年的中国法学研究方法》，载《长春理工大学学报》（社会科学版）2009 年第 3 期。

察收集基本的案件素材，以体系性和逻辑性为目标对这些素材进行因果性的逻辑分析，以得出罪与非罪界定的一般性的公理式命题。借助这些提示犯罪内部的客观规律的命题，为国民和司法工作者设计出相应的规则和模式，从而实现对社会的科学化管理。这些规划和模式是法律研究人员和民众通过其行动创立的，体现了我们的主观意义，正是因为这样，对它的遵循和保障是与人们的主观意义相一致的。需要注意的是这些规范和模式的产生虽然是个人行动的结果，但并非每个人行为之结果的简单相加，而是一个社会中所有人行动的共同结果。

分析的研究方法具有三个特征。一是分析的研究方法的研究对象主要限于实际存在的刑事法律体系，将“刑事法律”作为第一个要素，同时也是法律最主要的含义，在研究罪与非罪时，主要考虑在法律上有意义的事实。那些诸如闪电、台风等在法律上没有意义的事实，直接排除出研究的范畴。而对“在法律上有意义事实的界定”主要是进行分析说明和进行系统性研究所做的重要的前提性工作。该研究方法并不仅仅发现完整的刑事法体系（仅仅做到这些还远远不够），更主要的是建立一套能够最大限度地解释实际刑事法体系的逻辑蓝图，从而指导司法实践，排除那些针对法律条文不合理的解释，建立一套罪与非罪界定的合理模式。二是该研究方法肯定法律是立法者有意识制定的，具体途径有立法的方式和司法的方式。刑事法律是国家意志的体现，是国家统治阶级针对全体国民的命令，是一套由国家建立或者通过国家权威认可的规范。当然，在其有国家权威的属性之前，这些规范是通过多种方式产生的，如人大的立法活动。另外一种方式就是通过最高司法机关肯定基层司法机关在没有法律明文规定情况下作的一些处理方法，如最高人民法院和最高人民检察院所作的司法解释以及对某一案件所作的批复。经过最高司法机关的解释和批复，使基层司法机关的做法具有了国家权威性，使之具有普遍适用的意义。换言之，这些法律条文怎样产生不是该方法的研究重点，重要的是国家通过立法活动实现了法律条文的制定，最高司法机关通过司法解释和对某一案例的认可，使这些理解获得权威性。三是法律的典型形式是制定法，其权威性来源于法律背后国家的强制力。制定法之所以是法律的典型形式，是因为制定法本身是立法机关有意识制定法律的形式，是国家通过立法的方式郑重地赋予法律以效力，在形式和实质上保证法律的规范性和严肃性。法律之所以具有权威性和有效性，就因为是国家司法机关在适用法律，同时是法律赋予其适用法律的地位。"规范的约束力来源于规范本身的权威，规范的权威来源于特定政治组织社会中的基本规范。"①

二、综述的研究方法

综述的研究方法就是在如实地叙述其他学者观点之后加以评论，是一种叙述评论相结合的方法，与我国传统的史论结合方法有异曲同工之妙。"所谓史论结合的方法就是在如实叙述史料之后加以评论的方法。"② 该方法从纷繁、众多的他人的观点总结出所需要的观点，然后加以评论发挥，充分发挥、吸收他人观点精髓的借鉴意义。同时可以使评论者的观点建立在牢固坚实的资料之上，避免闭门造车，开拓研究者的视野，从而实现从他人观点到规律，再到澄清事实，从他人固定的观点当中，总结出于现实可以加以运用的规律性的观点。该观点在当今法学界，特别是刑法学界运用的比较多，已经成为一种较为成熟的研究方法。例如，陈家林教授在其《外国刑法通论》就刑法的定义指出：一般认为，刑法是规定有关犯罪和刑罚的法律，换言之，即"规定什么样的行为是犯罪，对这种行为应科处什么样的刑罚的法律。"……德国学者塞尔斯认为："刑

---

① ［美］罗斯科·庞德著：《法理学（第一卷）》，余履雪译，法律出版社 2007 年版，第 63 页。

② 参见周少元、戴家巨：《从论故杀看沈家本法学研究方法》，载《法制与社会发展》2001 年第 1 期。

法，是法制秩序对构成行为之可罚性的前提条件、可科处刑罚之举止的各个特征、特定的刑罚上威吓和在已有的法律后果之外对特别……规定的那个部分。”……意大利学者帕多瓦尼也认为：“任何法律规定只要规定了刑事制裁……通通都具有刑法的性质。”从上可以看出，就刑法的定义而言，陈教授先是叙述了山口厚、约翰内斯、杜里奥等人的观点，然后加以评论道：“他用刑事制裁这一概念同时概括了刑罚和保安处分。”本书也运用了这样的研究方法。

三、哲理的研究方法

哲理的研究方法主要以我国刑事法体系中的理想成分和我国刑事法律制度和原则的哲学根据为研究对象，来探寻罪与非罪的界定有哲学上的源头，在此基础上对刑事法律制度、刑法中的原则和刑事法条文进行评析。这种研究方法要求尽量寻找刑事法中的理想要素并对之加以评价，使之确定化，同时在哲学上进行证明。具体而言，为了追求公平与正义这种理想的要素，就需要通过评价各方的观点以确定罪与非罪界定的固定模式，然后再探索其在哲学上存在的依据。该研究方法的特点有三。一是该方法直接从已经被人们广泛接受和现今社会公认的公正与正义的目的上来考虑刑事法中的各要素，注重法律应当如何，换言之，注重法律的应然层面。具体而言，就是使有关公正正义目的的观念和在罪与非罪界定过程中相关的犯罪概念、界定原则及界定模式更加清晰化、系统化和有效化，以实现在法律秩序目的上能够更加科学地寻找法律的原理和适用刑事法律的规则。二是由于该研究方法侧重于法律中的理想要素，即倾向于追求公平正义的内在价值，那么在尊重现有法律的基础上，通过建立新的规则和进行新的解释来实现现有法律条文中的公正与正义的目标。在建立新的规则和对法每次进行新的解释时，要根据正当的哲学方法使这些解释成为法律的原则，同时还要接受哲学理论的检验。三是该方法注重于理性分析，这对法律来讲贡献是巨大的，因为研究者不再盲目地承认现实中蛮横的法律条文和不符合实际的法律条文，认为仅律令规则的存在这一点不足以证明其合理性，需要对之进行合理的解释以符合公正与正义的目的才是研究者应当做的事情。换言之，对现实中存在的不合理的刑事法条文，研究者尽可能在一定的哲学方法基础上，对之进行扩张或缩小解释，以达到对理性和当代社会公正观念的追求。

第二章

罪与非罪界定的原则

罪与非罪界定不仅存在于以确定性为要求的法律预设过程中，更要在个案中实现法律的预设，这就事关法律适用范式的问题。推论模式，或称演绎三段论的推论模式，在罪刑法定原则确立的初期适用最为普遍。正如贝卡利亚所说："法官对任何案件都应进行三段论式的逻辑推理。大前提是一般法律，小前提是行为是否符合法律，结论是自由或刑罚。一旦法官被迫或自愿做哪怕只是两种三段论推理的话，就会出现捉摸不定的前景"。[①] 贝卡利亚还认为："当一部法典业已厘定，就应逐一遵守，法官唯一的使命就是判定公民的行为是否符合成文法律。"[②] 这体现了刑事法治发展的初期追求的绝对罪刑法定的模式，该模式反对法官拥有解释刑事法律的权力，更倾向于法官从事机械式活动。但基于对法律语言模糊性的注意，对立法不周延性、滞后性的反思，绝对罪刑法定被认为仅存在于法学家的完美预设中。法律的适用绝非抽象的命题，不能一味强调僵化的套用，在适用范式中不可避免地引入解释、论证等命题，折射到罪与非罪界定领域亦是如此。罪与非罪界定的思维模式中的重要一环规范的获取便从传统的机械演绎，过渡到以三段论演绎推

① ［意］贝卡利亚著：《论犯罪与刑罚》，黄风译，中国法制出版社2002年版，第13页。

② ［意］贝卡利亚著：《论犯罪与刑罚》，黄风译，中国法制出版社2002年版，第12页。

理为基底的解释适用，这需要对罪刑法定原则进行全面的释义；事实的取得、感知，必须全面、客观、类型地反映行为的社会危害性和行为人的主观恶性；结论的证成阶段是司法裁判者主观见之客观，将思维范式的构成要素、环节能动地有机结合的过程，裁判者的刑法理念至关重要。

罪与非罪界定的原则，必须是贯穿界定活动始终的原则，是立法者、司法者对待此问题应当遵循的基本行为准则，且具有普遍的指导意义。罪与非罪界定的原则从界定活动的本身特性出发予以概括总结，为实现罪与非罪界定的法律价值而存在。本书提出罪刑法定原则、全面评价原则、刑法谦抑原则作为罪与非罪界定的基本原则，便是由此而来。三者之间也并未完全处于独立、剥离的状态，从断面研究的层面出发其存在价值各自独立，但从实践中看，三者应是相互影响的。

第一节　罪刑法定原则

一、罪刑法定原则在我国实施的现状

近代意义上的罪刑法定主义的产生，有其深刻的历史根源，是启蒙思想家提倡人权、自由，反对封建专制的产物。启蒙运动以人性解放为价值追求，之后的刑事古典学派学者贝卡利亚进一步论述了罪刑法定主义，但明确对罪刑法定主义进行概括的是费尔巴哈，其提出“无法律无刑罚，无犯罪无刑罚，无法律规定的刑罚则无犯罪”的经典表述。而罪刑法定原则最早在法律上作出明确规定是1789年的法国《人权宣言》“不依据犯罪行为前制定、颁布并付诸实施的法律，不得处罚任何人”。1789法国《人权宣言》将罪刑法定主义法律化的这一做法，陆续为许多国家所效仿，将其作为宪法或刑法的基本原则写入法典，罪刑法定原则作为现代刑法基本原则的地位得以确立。

我国1997年《刑法》首次对罪刑法定原则作了明确规定，取消了1979年《刑法》中规定的类推制度。1997年新《刑法》第3条“法律明文规定为犯罪行为的，依照法律定罪处刑；法律没有明文规定为犯罪行为的，不得定罪处刑”的规定，是倡导权利的呼声在刑事法领域的反映，要求刑法侧重人权保障，限制或禁止任何权力的任意扩张。新刑法在刑法条文数量上有所增加，对刑法条文所确定的犯罪圈进行调整，有对流氓罪、投机倒把罪等口袋罪名的分解，更有应对严重破坏市场经济秩序行为的相关反映。罪刑法定原则的确立在我国刑事立法史上具有里程碑的意义，但罪刑法定原则在现实中的实现状况不尽完善，这需要反省立法的局限，也要探究司法化的路径。

首先，现行刑法条文规定的背离。刑法条文中存在大量概括性的规定，尤其体现在数额犯的规定上。数额经常作为经济犯罪或财产犯罪犯罪构成客观方面的要件，以其来衡量行为的罪质或社会危害性大小。“数额较大”、“数额巨大”等概括性语言的大量存在，与罪刑法定原则明确性的要求背离。而且，若对某一犯罪来说，数额较大是犯罪成立所必不可少的客观要件，那么数额的大小是纯客观性的要求，还是也应作为主观认识的对象而存在呢？从现行刑法对犯罪成立的主观要件故意的“明知自己的行为会发生危害社会的结果”以及过失“应当预见自己的行为可能发生危害社会的结果”的规定方式来看，对行为罪质的认识是主观方面的必要条件，也是犯罪成立的必要条件。数额作为数额犯罪质的重要反映，从逻辑上来说应为故意或过失所认识，虽该认识不需及于具体数额，但需及于构成要件事实意义上的标准认识。在主观认识不及于客观数额时，就会产生困惑。若行为人在实施犯罪行为时对目的物的价值是不明知的，这包括行为人认为目的物无价值和远低于实际价值的情况，前种情况行为人主观不存在犯罪行为的概括故意自然好说，但后种情况目的物实际价值远高于行为人的心理判断或是一般人的心理判断，应如何处理？仅考虑数额的客观标准出发必然陷入客观归罪的泥沼。曾经引起热议的“梁丽案”就是对这个问题的反思。又如非法经营罪的概括性规定，只能把行为的界定委以司法解释。虽说法律语言的技术上的概括、抽象必不可少，但大量概括性规定的存在从立法上来说便动摇了罪刑法定的根基，给司法操作带来不便。

其次，人权保障理念的薄弱。新中国成立以来，我国的刑事立法和刑事司法长期持犯罪控制的工具主义法律观，对犯罪保持打击的高压态势是实践中所倡导的。刑法是打击犯罪、保护人民、维护人民民主专政的工具。在这种理念的指导下，过分主张国家利益和社会利益，必然造成对个人权利的忽视。罪刑法定原则的精髓在于限制国家刑罚权的发动，而达到保障人权的目的。罪刑法定原则虽在我国刑法中得以明确规定，但罪刑法定要能够有效指引刑法价值构造，贯彻到刑事立法和司法之中，不能局限于形式意义，更要内化到理念层面，并要确立其社会基础、文化基础。如果不能在我国的刑事司法中真正贯彻罪刑法定所蕴涵的人权保障优先、兼顾社会保护的理念，其结果很有可能流于形式。

最后，司法解释越权现象的存在。罪刑法定原则并不禁止司法解释，刑事司法解释作为多变动态现实与相对固定刑法条文之间沟通的桥梁而存在，但其存在必须在合理的空间和限度内，要在现有的刑法规范框架内作出释义，不得突破罪刑法定原则的限制。1997年《刑法》颁布实施后，最高人民法院、最高人民检察院通过对司法适用过程中存在的疑难问题答复、批复、意见等形式，颁布了一系列司法解释，为各级人民法院处理具体司法实践中的问题提供了一个相对明确、统一的标准，在现行司法环境下保障了罪刑法定原则的实现。除了最高人民法院和最高人民检察院单独发布的刑事司法解释外，最高人民法院和最高人民检察院也联合共同制定刑事司法解释以及会同其他相关部门制定司法解释。司法解释主体的过于宽泛化，有悖司法解释的初衷。司法解释是法律适用中对法律规范不得突破罪刑法定原则的一种释明，而法律规范的创设权只能归属于立法机关。司法解释的法律效力虽低于法律规范，但适用上也具有普遍效力，因而决定解释主体只能局限于法的适用过程有权取舍法律规范运用的裁判主体的指导机关。过于宽泛的释法主体造成权力过度外放的同时，也侵蚀了司法独立本身。另外，司法解释在我国目前法治根基薄弱的情况下指导了刑事司法，但突破同样根基尚浅的罪刑法定原则的现象也时有发生，司法解释创制、修改、补充刑法规范以及突破刑法总则体系规定的情况都先后存在。固然现时立法相对高速发展的市场经济体制有一定落差，对社会关系的调整存在一定的缺口，需要司法解释予以补强或担任考察规范效果先行兵的任务，但司法解释毕竟不得动摇罪刑法定原则的根基，司法解释也不得突破司法适用的限度。

二、罪与非罪界定中的罪刑法定原则

罪与非罪界定的问题，不仅是一个立法命题，同时也是运用立法预设解决现实状况的过程。而罪刑法定原则作为刑法的最基本原则，其贯穿立法、司法始终，是一切问题思索的根基。罪刑法定原则必然也是罪与非罪界定中首要确立的原则，且存在于不同法律场域关于罪与非罪界定的探索中。因此，考察罪与非罪界定中的罪刑法定原则就要从不同层次、不同角度予以展开。

首先，罪刑法定原则在罪与非罪界定实现的首要介质是犯罪构成。刑法通过犯罪构成的设定实现对行为的规制、对秩序的维护，也是通过犯罪构成限定司法权力的界限，使其不得侵害公民的合法权益。犯罪构成是刑法规定的，决定某一行为的社会危害性及其程度，而为该行为构成犯罪所必需的一切客观要件和主观要件的有机统一体。犯罪构成作为罪与非罪界定的法律依据，其立法设定与司法适用便是罪刑法定原则的运用和实现。“法律明文规定为犯罪的，依照法律定罪处罚”是入罪的依据，反映刑法对相应社会关系的调整；“法律没有明文规定为犯罪的，不得定罪处罚”从反面限定了入罪及刑罚权行使的范围。法律的明文规定，主要就是犯罪构成，既包括总则规定的一般犯罪构成，也包括分则规定的具体犯罪构成。同质犯罪行为因人因事会有不同的现实表现形式，将其纳入国家司法系统中评价，要在纷繁复杂的事实中准确作出罪与非罪的界定，便需要从分则规定的具体犯罪构成出发再结合总则性的一般规定。而分则各罪罪状的规定，来自对社会现实同质社会危害行为的抽象、概括，通过立法程序在法律条文中实现构罪行为的规范化、类型化，实现罪刑法定原则。罪状描述中涵盖的构成要件要素并非构成要件的全部，罪与非罪界定还需借助于总则的一般性规定。我国犯罪构成成立的判断模式不同于德日的阶层性结构的推断，而是一种平面的判断。因此，无论是分则的具体构成要件，还是总则的一般构成要件，都是犯罪成立所必需的，缺一不可。个罪的犯罪构成通过分则的罪状规定予以显现，这是第一性，也是显性的，同时又通过总则关于社会危害性收缩、调控的规定予以结合，这是第二性，相对隐性的一面。罪与非罪界定中的犯罪构成存在于立法者的理念和行动中，也存在于司法者的理念和行动中。立法者对社会危害性达到须动用刑法予以规制的行为，予以结构性的分解，提取构成要件要素，排列组合相关要素，是一个由面到点再到面的过程，结论是刑法条文承载的刑法规范。而司法者观念和行动中的犯罪构成直接来源于刑法规范，司法者要从社会现象中提取相关行为的构成要件要素事实，再进行比照，故只是一个由面到点的过程。总而言之，犯罪构成在立法中限制犯罪设定的范围，在司法中是司法者认定犯罪的标准。

其次，无罪推定是在罪与非罪界定中实现罪刑法定原则的程序保障。在司法裁判者作出有罪判决前，某行为具有罪与非罪的双重可能性。罪与非罪的界定活动要同时从两个方向出发，要同时考虑入罪所需的因素也要把握出罪的反面排除情形，不能存在任何先验的预设性判断和肯定性的准入推断。罪与非罪就像天平的两端，诉讼程序终结前不得倾向任何一侧，司法活动的目的就是不断为两侧增减砝码，未经有效判决行为不得认定有罪，这与罪刑法定原则具有内在的吻合性，而罪刑法定原则的实现也需要无罪推定在程序上保驾护航。无罪推定原则的基本含义是在刑事诉讼中，任何人在未经法院依法判决证实有罪前，应假定其无罪。无罪推定是相对于封建专制中的有罪推定而言，有罪推定存在于纠问式刑事诉讼制度中。无罪推定原则的基本出发点在于确定犯罪嫌疑人、被告人在刑事诉讼中的地位，是刑事诉讼中公权力克制与犯罪嫌疑人、被告人的权利张扬之间的平衡。诉讼过程中，司法裁判者依照法律程序对被告人是否犯罪作出认定，恪守无罪推定原则，实现疑罪从无。行为人未经司法裁判者确证有罪之前不得认定有罪，同样重要的是案件事实最终无法查明时，应当作出有利于被告的无罪结论，即"疑罪从无"。无罪推定张扬了犯罪嫌疑人、被告人诉讼权利的同时，明确了举证责任、证明标准。证明被告人有罪的证据由追诉方予以举证，而犯罪嫌疑人、被告人有权提出无罪的证据，也要切实地维护犯罪嫌疑人、被告人的人权。无罪推定在无罪与有罪之间通过公正的诉讼程序予以实现。我国修改后的刑事诉讼法对保障犯罪嫌疑人、被告人权利迈出一大步，对罪与非罪认定中的似是而非的问题在程序上作出厘定。凡证据不足、事实不清的案件，在侦查起诉阶段，人民检察院可以作出不起诉决定；在审判阶段，人民法院应当作出证据不足、指控的犯罪不能成立的无罪判决。

最后，罪与非罪的界定需要践行罪刑法定原则的形式内容和实质内容。罪刑法定原则从其萌芽、产生到成熟，已走过两百多年的历史，其作为刑法基本原则的地位从未动摇，人权保障的价值基调也从未改变，但随着政治、经济、文化的变迁，该原则的内涵和承载的功能在日益丰满。"罪刑法定原则，时至今日，仍然能够作为刑事立法和刑法解释学的指导原理而长盛不衰、蒸蒸日上，主要是因为在民主主义、自由主义之类的刑事原理之上，还有更高层次的普遍原理，即实质保障人权原理作支撑。这个原理，蕴涵着保障人的基本自由，尊重人的基本权利的思想，也就是说，在实质性保障着以个人尊严为背景的权利和自由不受国家刑法权的肆意侵害。”①罪刑法定原则从绝对罪刑法定原则向相对罪刑法定原则的嬗变，反映了罪刑法定原则内在机制的完善。罪与非罪的界定对罪刑法定原则的完善，既要在立法中予以体现，又要在司法中予以落实。罪与非罪判断标准成文化，便是罪刑法定原则的法律主义的贯彻，犯罪必须在形式意义上的法律予以规定。关于罪与非罪界定的要件，作为犯罪成立的基本问题，需要在代表普遍意志的成文法中予以规定。法律并不局限于冠以刑法名称的刑法典，也包括单行刑法，在行政犯认定的情况下必要时需援引行政法的相关规定，但严格排斥行政规章出入罪，也没有授权行政机关制定刑法例外的存在。但在我国刑法条文中有不少的空白罪状，其犯罪构成要件不是直接在刑法条文中囊括，而是指明为确定犯罪构成所要援引的法律或者法规。空白罪状具有前瞻性、稳定性等优点，且立法者对未来可能发生的诸种情况不能完全预测，因而空白罪状不可避免地存在，然而从罪刑法定原则的实质要求刑法的明确性来看，空白罪状应当受到限制，不可滥用。刑法对于犯罪的规定必须采用一般人能够预测的具体、明确的方式，犯罪成立要件的规定和解释必须局限于一般人能够理解和预测的范围内。同时，基于保障行为人预测能力的自由主义出发，罪与非罪界定依据需是行为时对其进行规制的刑法规范，行为时不为法律所禁止的，不得以裁判时生效的事后法予以规制，但从人权保障角度事后法的禁止也有例外，那就是事后轻法的允许。罪刑法定原则的形式、实质内容在罪与非罪界定系统中贯彻，是立法统领司法的问题，相关内涵在立法中予以明确、实现，是其最直接的表达，但罪与非罪界定的意义更重要的是在司法诉讼过程中实现罪的追诉和非罪行为的排除，通过罪与非罪界定的运行实现立法中内含的罪刑法定原则的形式和实质内容。

① ［日］曾根威彦著：《刑法学基础》，黎宏译，法律出版社2005年版，第12页。

三、罪刑法定原则中的解释

法律贵在适用，法律的适用需要解释。过去一度主流的观点认为，刑法规范的内容完全存在于条文中，法官只是对法律的机械适用，法官只要按照逻辑便能领会法律的意思。拉德布鲁赫批判道，“谁在起草法律时就能够避免与某个无法估计、已生效的法规相抵触？谁又可能完全预见全部的构成事实，它们藏身于无尽多变的生活海洋中，何曾有一次被全部冲上沙滩？尽管如此，我们的时代曾相信法官拥有神力，可以无须自身创造性补充而从立法人充满漏洞、不明确和矛盾的条文中，找到处理所有案件的清楚的、无可争议的裁决。为强迫沉默的法律开口说话，所有用来刑讯逼供的方法都任由法律工作者支配：文学解释、扩张解释、限制解释、类似的推定（类推）、反证；可惜就缺少一个能够列出何处应使用任何方法的规则了”。[①] 动态的社会现实与相对固定的刑法条文之间必然存在差距，法律条文力争在相对小的容量内尽可能准确、客观地概括有关的社会现象，而社会生活处于不断变化的状态，刑法若想继续保持其稳定性和有效性，就必使规范具有一定限度的抽象性、开放性。那么，在罪与非罪界定中，现实中适用的法律规范往往是渗入法律解释的。

罪与非罪的界定归根结底来说是法律思维在事实与法律之间能动的过程，最终实现或排除法律的适用。“法律适用是运用法律推理的方法确定个案法效果的过程，而要顺利进行法律推理，就必须通过法律解释使法律规范的构成要件具体化、清晰化，能够直接对案件事实进行涵摄。故法律适用必须通过法律推理才能实现，而法律推理必须通过法律解释才能实现，法律解释是法律推理的必要准

---

① ［德］拉德布鲁赫著：《法学导论》，米健、朱林译，中国大百科全书出版社1997年版，第106～107页。

备。"[①]"广义的刑法解释则可谓刑法适用，是规范与事实进入对应关系；解释规范，裁剪事实并且目光不断地往返于规范与事实之间，从而形成结论。"[②] 这涉及解释主体的问题，学界有"多元说"与"一元说"的对立，多元说主张对刑法解释的主体不作严格的限制，扩张到任何主体对法律文本的理解，一元说主张将解释的主体限制为有权机关。在国外许多国家，并不存在具有普遍法律效力的立法解释和司法解释，只有针对个案的司法解释。在该种情况下，法律适用便是对法律理解、运用的过程。罪刑法定原则确定的成文法主义出于人权保障的需要，排斥对法律的任意理解、篡改。但成文刑法毕竟有其局限性，人的理性认识是有限的，成文刑法难以完全跟上社会的发展变迁。刑法条文难以将所有应作为犯罪考虑的行为均规定完全，对犯罪成立所需要件也难以作出科学概括，且不同行为的社会危害性也是随着社会变迁呈波动变化状。同时，时常出现的含混笼统、暧昧不清的刑法语言也左右着人们的认识，不清晰的用语在不同环境下，由于不同主体认识能力的不同可能会产生不同的结论。作为表达立法者立法意图载体的刑法条文，必然通过法律语言加以表述，立法者的立法意图承载着一定的价值倾向，作为自然载体的语言便难以保持中立，何况在不同主体间语言的传达也存在"变质"的可能。现代的罪刑法定原则也推翻了严格规则主义，遵从人权保障和法益保护价值取向的相辅相成，罪刑法定原则的价值蕴涵中有法律解释存在空间也就不足为奇。在法律解释存在的前提没有任何异议的状况下，对刑法解释在不同层面、角度理解，对解释的效力不作限制，刑法解释的主体便不应存在主体的限制。

刑法解释不得脱离罪刑法定原则的构架。作为刑法最基本的原则罪刑法定原则，它适用于刑法的各个过程、方面。罪刑法定原则

---

① 杨艳霞著：《刑法解释的理论与方法》，法律出版社 2007 年版，第 14 ~ 15 页。
② 张明楷：《刑法理念与刑法解释》，载《法学杂志》2004 年第 1 期。

不仅要运用于刑法解释主体、程序规制，更重要的是在刑法解释结果中包含着罪刑法定原则的价值取向。另外，罪刑法定原则的实现也需要刑法解释，毕竟难以苛求立法机关具有超人的预见、理解能力，能够制定出完美无缺的法律。刑法解释是为弥补罪刑法定原则的一成不变、僵化而存在的，是为了进一步实现罪刑法定原则的价值与功能。刑法解释是通过探寻刑法条文承载的刑法规范的实质含义，以达到刑法适用的目的。对刑法进行解释必须合乎目的，如何使得刑法解释合目的，有主观解释论和客观解释论之争。主观解释论认为刑法解释必须局限于立法本意，不能脱离立法者所处的历史条件；而客观解释论者则认为刑法解释要立足于当下，取决于社会历史条件变化的需要，可以脱离立法者的本意。罗克辛在这方面的见解值得借鉴，他认为“正确的解决办法在两者之间：一方面，客观性理论的正确性在于，它不取决于参加立法过程的任何委员会在事实上的（并且经常无法查清的）想法。例如，是否应当将化学手段作为‘武器’来考虑，即使在制定刑法时都没有被人意识到；另一方面，在法官是受到处在历史过程中的立法者在法律政策方面作出的价值决定约束这个方面，主观性理论应当得到赞同”。[①]这样，就有必要明确不同解释主体实现解释目的的区别。立法解释，即立法者就本身的立法阐明含义，可以通过在法律条文中列入解释条款、条文中采例示规定形式、专门法律中设实施规定等方式予以解释。从本质上，立法主体的此种行为并未脱离立法的框架，只因立法技术需要和立法所处的局限，以维持体系完整、稳定，才用解释方式来明确条文的内涵。立法者的解释行为，也就必须根植于法律制定时的土壤，要注重保持既有法律体系的完整、稳定，要反映立法的原意。

立法解释的性质显然和适用法律过程中的解释有所不同，在我

---

① ［德］克罗斯·罗克辛著：《德国刑法学总论》，王世洲译，法律出版社 2005 年，第 86 页。

国适用刑法过程中的解释最重要的是司法解释。司法解释，是最高人民法院、最高人民检察院就法律适用中的问题进行的解释。我国司法适用中并不存在判例制度，故有法律效力的司法解释也是着眼于普遍性的适用，并不包括法官就个案所作的理解，有威望的法官就个案的解读也不能推而广之。司法解释在罪刑法定原则指导下的合目的解释，要遵守刑法条文词义、体系，不能超越立法文字所可能包含的含义，不能超越国民对罪与非罪判断的预测可能性，司法解释更不能逾越立法，不能修改立法，不能创制立法。司法解释应该根植立法者的本意，“这里所谓‘立法原意’，不必为立法当时起草法律者个人的初意，因为法律是客观的规范，在成文法虽假手于立法者而制定，但一经创制，即独立存在，代表某一时代社会之法律意识，是以解释之际，必须注重法律发生之原因、理由及当时环境一切情事，本于逻辑推理，以求其应有的含义，至于立法说明书及讨论意旨，不过供推求立法原意之参考而已，非有拘束解释者之效力”。[①] 故司法解释遵循立法本意，并不排斥扩大解释、限制解释，都属论理解释。毕竟司法解释在后，社会亦是处于一个不断变迁的情况下，新事物、新现象不断涌现，立法者立法时不能预料的情况时有发生。但无论扩大解释、限制解释立足当下，对立法本意予以更新，此更新与立法者当时的本意应具有同质性，不得与立法本意相背离。

传统的机械适用的三段论将法律规范分为“要件”和“法律后果”两部分，罪与非罪界定时，具体事实只要满足法律规范规定的“要件”，即可得出相应的法律后果结论。罪与非罪的界定若遵循传统的三段论模式，便要严格遵照法律规范的形式意义，排斥任何价值判断。但随着罪刑法定原则的实质内涵的丰富，法律适用中有了解释存在的空间，法官是具体个案法律适用的实施者，也应当承认法官在三段论模式中的条文内心解释，从而建立逻辑推理的

① 韩忠谟著：《法学绪论》，法律出版社2009年版，第82页。

大前提裁判基准。若承认罪与非罪界定的逻辑思维范式中，裁判规范是通过对法条的解释形成的，必须对解释赋予相关限制。裁判者的解释首先是作为裁判者针对个案的内心独白，不具有法律约束力，其内心解读要主观见之于客观，需要将解释契合到个案中，一般通过裁判者在判决中对结论进行确证表现出来，而且只有在社会关系复杂难以将法律条文直接机械适用的情况下，裁判者才可运用相关法律方法进行依法解释、论证。裁判者进行罪与非罪的界定必然夹杂着其对法律的理解，裁判者对法律的领会过程就是将抽象的法律规范与具体的个案相比照，在两者互动、作用间再度发现法律。

第二节　全面评价原则

罪与非罪的界定，是裁判者运用法律方法获取法律规范和案件事实，使法律规范与案件事实在法律思维范式内能动发生作用，从而得出入罪或出罪的结论。罪与非罪的界定不仅存在于裁判者的思维活动中，更是一个主观见之于客观外化的司法活动。其中，法律规范是罪与非罪界定的法律准绳，设定活动的框架，而案件事实则是将抽象规定运用到个案的关键，是个案框架内的填充物，不容忽视。“事实问题及法律问题以不可分解的方式纠结缠绕在一起，法官最后如何判断个别事件，在很大程度上取决于判断时他考虑了哪些情境，乃至于他曾经尝试澄清哪些情况；选择应予考虑的情事，则又取决于判断时其赋予各该情势的重要性。”① 全面评价原则便是裁判者在罪与非罪界定思维中对待案件事实应有的态度。

---

① ［德］拉伦茨著：《法学方法论》，陈爱娥译，商务印书馆2003年版，第189页。

一、全面评价原则下的事实

案件事实，作为罪与非罪界定活动中的评价对象，必须根据刑法规范对罪与非罪界定所必需的具体案件事实全面评价，不得遗漏。全面评价原则，就是裁判者必须对法定构成要素相应的、影响罪与非罪成立的具体案件事实中的事实要素充分评价；在罪与非罪的界定中，必须以事实为基础，忠于事实真相，查明案件的真实情况；认定案件事实，必须有充分的证据为基础，不能凭空想象案件真实情况，凭空设定案件情况，严格依据已查明的案件情况予以处理。

全面评价原则是就刑法规范评价对象案件事实而言的，案件事实从不同侧面可划分为客观的案件事实（也称“客观事实”）和法律的案件事实（也称“法律事实”）。客观事实就是实际上曾客观发生过的案件真相，法律事实是在诉讼过程中认定的案件事实，是裁判主体依法定程序对曾发生的客观事实的还原。客观事实是纯客观存在的，法律事实以客观事实为基础，以尽可能还原客观真相为目的，兼具客观性和法律性双重属性。法律事实在设计上以与客观事实吻合为理想状态，但法律事实的还原毕竟是裁判者通过一定方法接近真相的事后活动，且人的理性认识能力毕竟有限，法律事实未必能够与客观事实在各方面完全一致。诉讼过程中实际发现的法律事实通常只是一种由法律规则、法律制度及法律程序认可的事实，是大体接近案件的客观事实而又难以与案件的客观事实完全一致的，基本上是客观事实与法官主观认识的统一的事实，故法律事实与客观事实之间始终存在着既契合又背离的关系。① 但鉴于法律事实存在的主要功能是出于追诉的需要，故法律事实并不苛求与客观事实百分之百地贴合，只要在法律规范的范围内达到清楚、明确

① 陈永生：《法律事实与客观事实的契合与背离》，载《国家检察官学院学报》2003 年 8 月第 11 卷第 4 期。

即可。

罪与非罪界定是裁判主体运用法律规范获得的法律事实进行评价，这里的法律事实来源于裁判主体诉讼过程中通过证据的收集还原的、与罪的成立相关的客观存在的事实。首先，罪与非罪界定的法律事实是诉讼活动获取的法律事实部分。司法诉讼过程由多个环节衔接而成，裁判主体也是通过多重的活动以实现对犯罪行为人的科刑。法律事实无论是在罪与非罪的成立、此罪与彼罪的区分、犯罪形态的判断、共同犯罪的确认等任何环节，法律事实的地位均举足轻重。而罪与非罪界定涉及的法律事实仅仅是整个诉讼活动还原的法律事实部分。其次，罪与非罪界定的法律事实是客观存在的。虽然法律事实是通过司法主体的能动活动对已然发生的既成事实的还原，是客观世界与人的有意识的主观活动相互折射、选择的互动结果，掺杂着人的主观能动性。但法律事实毕竟是根植于客观真实，人的主观能动性仅在尽可能接近客观真实的限度内起作用，人并不能杜撰任何事实，都必须以从客观世界获取的证据为判断标准。而且，法律事实在诉讼过程中有各自的存在载体，依照法定程序逐步确定，并不以单个人的意志为转移。再次，罪与非罪界定的法律事实由诸多情节组合而成。当法律事实由诸多被诉讼程序确证的情状或者其他事实因素组合呈现出来，裁判者应准确把握已获取的事实的关键点，作出罪与非罪的评价。通过将犯罪事实类型化、抽象化为相关情节，是罪刑法定原则的需要，也是司法操作便捷的需要。裁判者便是通过相关情节的获得，实现罪与非罪的判断，又通过关键情节的串联实现法律事实的构建。最后，罪与非罪界定的法律事实须是对判断罪的成立与否有实质影响的内容。在我国犯罪论体系中，犯罪构成作为判断犯罪成立的唯一标准。犯罪成立判断针对的法律事实，必须立足于犯罪构成，能够全面地反映犯罪构成的四个要件，囊括犯罪客体、犯罪客观方面、犯罪主体、犯罪主观方面。我国犯罪构成判断模式不同于德日法系的三阶层的判断模式，三阶层的判断模式中各阶层判断又有积极、消极判断之分，而我国的犯罪构成判断模式是一次性的全面、综合评价，确证犯罪构成形式成立外，还要无排除犯罪的正当事由存在。① 故罪与非罪界定的法律事实需要涵盖犯罪构成、排除犯罪的正当事由所涉及的内容。

二、全面评价原则在罪与非罪界定中的意义

全面评价原则，要求在罪与非罪的界定中对法定的情节要素都要进行评价，不能忽略任何法定必需要件，也不得创制任何事实。评价应是完整、客观、合理的，是罪与非罪界定的内在要求，也是刑法理念的折射。

首先，全面评价是罪刑法定原则的要求。罪与非罪评价的法律事实的获得必须在刑法规定的指引下进行。刑法对社会危害性大到足以动用刑罚评价的行为，在刑法规范中规定为抽象的构成要素。故个案的罪与非罪成立与否的评价，需要在法律规定的框架内进行，需要把具体的事实因素与法定情节相对应，将立法的初衷在司法中予以实现。对罪与非罪成立相关的法律事实，是通过诉讼过程的诉讼参与主体围绕证据开展的活动予以揭示的，法律事实的揭示、确定是个渐进的过程。诉讼程序的启动并不意味着唯一的结论，并非被追诉就一定构罪，不仅要收集行为人构罪的证据，也要收集行为人出罪的证据，收集的证据必须完整、全面。证据的收集过程受到实体法有关罪与非罪成立标准的指导，指导标准不仅包括入罪的标准，也涵盖了出罪的标准。同时，证据的提出、论证除要以实体法为内容依据外，更要依照程序法的步骤、手段通过合法、合理的方式进行。由此可见，罪与非罪成立的全面评价不仅实现了立法者对抽象构成要素的创设，也反映了以证据为媒介的程序正义。

---

① 该种提法是就现在的通行理论而言，与本书所提倡的构成要件体系有所不同，详见后文。

其次，全面评价原则为实现罪责刑相适应原则提供明确的前提。如何实现罪刑均衡，根据对刑罚目的不同理解，有着不同的解读。报应主义认为刑罚是国家对犯罪行为的报复，刑罚仅针对已然犯罪及其发生的结果，罪刑相适应便是要求刑罚与已然犯罪之间的平衡，其中平衡标准又有康德的等害报应和黑格尔的等价报应之分。一般预防主义主张刑罚不仅在于对已然发生的犯罪进行报复，更在于对未然犯罪的社会控制；而个别预防主义更侧重于对犯罪人社会危害性的消减。现代刑法的罪责刑相适应立足于犯罪行为的社会危害性和犯罪人的主观恶性，两个方面都要考虑，不得偏废。罪与非罪的评价标准囊括了主客观要素，包含着犯罪行为的客观表现和犯罪人的主体个性，在罪与非罪的立法设计和司法考量中，对相关因素都要全面涉及，这为刑罚的确定和实现奠定了基础。罪责刑相适应要放在动态的犯罪行为评判体系中体现，绝非单独的量刑活动能够完成的，罪与非罪的判断是实现定罪、量刑前要解决的先决性工作，必然成为罪责刑相适应实现的前提。

最后，全面评价原则是实现法益保护和人权保障调和的重要手段。罪与非罪评价采取的价值取向不同，影响到刑法机能的实现。法益保护和人权保障大多处于此消彼长的紧张状态。法益保护更侧重于社会秩序的保护，更注重对行为的客观危害予以打击、消除，而人权保障更侧重于使个人免受刑罚权的任意侵害，更注重对行为人个性的考虑。在犯罪圈范围的划定、个罪构罪与否的评判，都在不同角度上反映了法益保护和人权保障之间的对立或妥协。全面评价原则作为罪与非罪界定的基本准则，无论是在理念上还是在实践中，都代表着一种融合的模式，抽离出来以达到法益保护和人权保障的有效调和。

三、罪与非罪界定中全面评价原则的内涵

全面评价原则作为罪与非罪界定的基本原则，要在界定机制的各个层面、角度均渗入其中，不仅要体现在罪与非罪界定的一般标

准中，更要体现在界定的逻辑起点、事实起点的价值内涵之中。全面评价就是对相关情节进行全面的考量，无论是刑法条文中类型化行为的抽象规定还是具体个案中案件事实均须进行全面的考量，概莫能外。

首先，行为是罪与非罪界定的事实起点，是基底性的概念。犯罪之所以为刑法所规制，关键在于行为的社会危害性。司法实践中对案件事实的探寻也是围绕行为展开，对案件事实的全面评价要从行为的角度出发。笔者所主张的罪与非罪界定机制中，行为是作为界定的事实起点而存在的。在具体个案中，行为人在一定意识支配下通过诸多身体动静实现社会关系的侵害。从自然存在的角度来说，这些身体动静都是自然意义上的行为，但要将行为纳入刑法评价之中，还需对行为属性作出相应的限制，行为应具有刑法评价的可能和必要。刑法意义上的行为是从规范角度出发予以理解，自然属性和法律属性兼备。从自然意义上对行为理解，要保持行为的连贯性，不能随意地割裂，行为人心理状态和外在的身体动静都是延续的过程。要把握行为人主观心理和外在行动的结合，严禁思想入罪，也不能完全以外在结果入罪。从刑法意义上来看，行为要从构成要件有机统一的标准考量，依据的是刑法规范描绘的类型，刑法规范要求的构成要素要在行为中有相应的体现，对规范意义上的构成要素要全面考虑。在不同情况下，决定行为罪质的因素有所不同，有时是主观心理要素，有时是客观条件。例如，在某人挪用公款的事例中，行为人有将公款挪出为己所用的举动（未达挪用公款罪的标准），若行为人此时产生了非法占有的目的，实施了隐匿公款的行为，行为人的行为便构成了贪污罪，独立来看隐匿公款行为绝不属贪污罪所要求的客观方面利用职务便利将公款占为己有的评价范围，但该行为正是和之前的将公款置于行为人控制下的挪用行为相结合，反映了占为己有的构成要素。另外，更重要的是，隐匿行为所反映的是行为人具有非法占有的目的，该构成要素是不可或缺的，是实现行为人一系列举动入罪的关键。对行为的全面评价要从正反两面予以考虑，正面来说通过入罪的标准全面衡量行为，反面来说对行为全面考虑也要剔除不具刑法意义的举动。例如，某些情况下的不可罚的事后行为，便不纳入构成要件评价的范围，不具有可罚性。

其次，主客观统一是全面评价所有构成要素的关键所在。在我国，主客观相统一的理论最初提出是出于合理把握犯罪构成的目的，该理论揭示了犯罪构成的内部结构。犯罪构成作为罪与非罪界定的基本标准，全面把握犯罪构成的主客观相统一原则自然在罪与非罪界定中有独立的存在空间。我国刑法理论中的主客观相统一原则，不同于西方刑法理论的客观主义、主观主义。客观主义是刑事古典学派基于罪刑法定原则出发予以提倡，最初是为反对封建社会的思想入罪、罪刑擅断而提出，注重评价行为的客观存在。客观主义虽未否认行为人的主观意志在入罪评价中的存在，但将行为所造成的客观侵害作为刑事责任评价的基础，并主张所有自由意志的人精神状态都是一样，不考虑行为人在犯罪中的个性存在。但随着资本主义社会的发展，社会矛盾日益尖锐，犯罪现象激增，面对不断增加的累犯和少年犯，既存的刑法却无能为力，刑法理论开始对客观主义反思，主观主义应运而生。主观主义将刑事责任关注的焦点转移到行为人，注重个别矫正，认为犯罪系犯罪人与客观环境作用下形成，出于社会防卫的目的强调关注行为人趋于犯罪的人格。主观主义也承认犯罪人格不可能脱离客观行为而独立存在、评价，但主观主义将行为人的主观恶性作为衡量刑事责任的出发点。客观主义和主观主义都各有利弊，但基于主观主义潜在的侵犯人权的可能，客观主义仍占据争鸣的上风，但客观主义也适当地吸收了主观主义合理部分，也称并合主义。“具体地说，在犯罪规定上适用于客观主义立法原则，即对于犯罪之处罚，重视外部行为，对于行为人的内部心理，仅作为认定行为的参考而已，不视其为决定犯罪之根据。而在刑罚规定上适用于主观主义，即无行为者虽不可处罚，但有行为者却未必科以刑罚，可予以缓刑或者减刑与假释的处遇。”[①]“并合主义虽然也是一种主观与客观的统一，但并非有机统一，而是一种折中。”[②] 西方刑法理论的客观主义、主观主义、并合主义，并非完全排斥主观因素和客观因素的并存，但只是一种简单的叠加、共在。我国刑法理论所主张的主客观相统一原则是在主客观因素辩证统一，并不是将二者简单结合，是在辩证唯物主义的指引下，在总结诸种理论利弊基础上确立起来的。

我国学界通说认为，主客观相统一原则是指构成犯罪和追究刑事责任，要求行为人客观上实施了危害行为，主观上具有罪过，二者有机统一，缺一不可。我国主客观相统一原则与主观主义、客观主义的根本不同便在于刑事责任的基础不同，具体来说体现为主观因素、客观因素所起作用的不同。主客观相统一原则是将主观要素和客观要素共同作为刑事责任基础，主观要素和客观要素共同作用于刑事责任。主客观相统一的原则贯彻到罪与非罪界定机制中，就是要将其作为案件事实获取、认定、裁判的指导思想，将主观因素和客观因素有机结合起来，做到行为人主观罪过与客观危害的有机统一。罪与非罪界定的根本标准系行为社会危害性的认定，社会危害性的内部结构是主客观的统一，我国《刑法》第 13 条关于犯罪概念的规定便体现了该要求，行为人在罪过支配下的行为造成的客观侵害或造成的严重危险足以动用刑法评价。罪与非罪界定的一般标准犯罪构成的运用，是犯罪行为社会危害性认定的具体标准，更是要求主观要件与客观要件的有机统一。主客观要件的有机统一，首先要求犯罪构成判断案件事实是否成立犯罪，要全面把握主客观要件在案件事实有所体现。行为成立犯罪必须具备主观要件与客观

---

① 蔡墩铭著：《现代刑法思想与刑事立法》，台北汉林出版社 1977 年版，第 33 页，转引自陈兴良著：《刑法哲学》（修订三版），中国政法大学出版社 2004 年版，第 594 页。

② 陈兴良著：《刑法哲学》（修订三版），中国政法大学出版社 2004 年版，第 594 页。

要件，主观要件与客观要件共存，缺一不可。如前所述我国主客观有机统一原则与西方刑法理论的并合主义最大的不同，即在于有机统一并不限于主客观要件的并存，更要求主观要件与客观要件之间的有机关联。构成要件中的主观方面需要客观方面予以承载，主观方面的故意、过失是基于其对客观表现可能或会造成的客体危害的认识。而构成要件中的客观方面不同于无意识的身体举动，也不同于具有排除犯罪事由的无罪过侵害行为。危害行为需在一定罪过的支配下进行，行为人犯罪的内心动因是客观方面得以发生的驱动，而客观方面是主观罪过逻辑发展的结果。主客观要件的相互关联更多注重于形式意义上的主客观要件作用，而有机统一的实质要求是个案下主观要件与客观要件性质和内容具有构成要件意义的一致性。主观要件与客观要件必须在同一构成要件的评价范围内具有同质性。不同行为人的行为表现多有不同，法律标准要针对现实的多样性，而个案的案件事实要符合法律规范规定的要件，主客观要件事实具有构成要件范围内的质的同一性。例如，甲实施了暴力获取他人财物的行为，该行为若能构成抢劫罪，要求甲实施行为时须具有将他人财物占为己有的目的，同时该占有还应是非经合法手段获得，主观方面对该非法手段应有认识，故主观方面不仅要认识到非法手段暴力行为的存在及可能造成的后果，还要认识到通过非法手段达到的目的行为获取他人财物的存在及后果。甲主观方面若缺少了任何一面的认识，都不足以动用刑法评价其构成抢劫罪，暴力行为和获取财物行为便不是同一构成要件下评价的内容。故主观要件和客观要件须在同一构成要件范围内并存，且二者之间存在相互作用下的相互对应关系。

最后，对认定案件事实的证据全面评价。事实只有依据一定证据规则通过证据正面确立，才能成立法律评价下的案件事实，这兼具程序法和实体法的双重意义。证据的收集、审查、判断贯穿刑事诉讼的全过程，收集、审查、判断证据的主体只能是司法机关，其他诉讼参与人只能是提供证据的主体。非裁判机关的证据收集、审查工作是裁判机关发现并确认案件事实的基础活动，裁判机关通过对证据的审查、确认还原出案件事实。事实确定的关键就是证据，以证据为查明和判定案件事实的唯一手段。对事实的评价要全面，每一个符合法定规范构成要素的事实因素都要受到评价，无论是有利于行为人的事实因素，还是不利于行为人的事实因素。罪与非罪的界定，要客观、全面地审查一切对案件事实有证明意义的证据，使认定的案件事实尽量与客观事实相符合。具有罪与非罪界定意义的案件事实既包括犯罪事实，也包含非犯罪事实。罪与非罪界定对象的案件事实，必须反映于罪与非罪界定相关的一系列主客观内容，包含着证明有罪的事实和无罪的事实。据以认定案件事实的证据，便不能任意偏废、区别对待，不能重视一方面的证据，而忽视另一方面的证据。证据的判断和确信，便须建立在对证据全面评价的基础上，要全面把握与案件事实具有关联的证据。

第三节　刑法谦抑原则

一、刑法谦抑原则的内涵、价值取向、表现

刑法的谦抑主义，是指“刑法的发动不应以所有的违法行为为对象，刑罚只有在不得已的情况下才能加以适用的原则”。[①] 刑法作为社会防卫的最后一道防线，在穷尽其他法律手段前尽量不动用刑法手段，在能够以较轻刑法手段实现犯罪行为规制时尽量不动用较重的刑法手段。

刑法谦抑思想最初扎根于启蒙主义思想家自由主义、理性主义、个人主义的思考，内含在罪刑法定、罪刑均衡等刑法基本原则

① ［日］川端博著：《刑法总论讲义》（第2版），日本成文堂2006年版，第54页，转引自陈家林著：《外国刑法通论》，中国人民公安大学出版社2009年版，第91页。

中。在经历了刑法泛化、犯罪泛滥、刑罚效益下降的刑法基础性危机后，刑法谦抑主义逐渐确立了其在现代刑法的基础理念地位，这也归功于人们对刑法作用的反思。刑罚意味着国家强制性地剥夺犯罪人重要的法益，虽然可能有效，但基于刑罚的严苛性故其本身就是一种害恶，用之不当，其后果极为危险。因此，在判断是否动用刑罚时，应考虑以下事项：第一，是否存在被害。如果没有任何一种法律利益受到损害，就不应动用刑罚。即使存在被害，也还需要考虑该被害利益是否严重。第二，动用刑罚是否会引发严重的副作用。第三，刑罚以外的民事、行政制裁手段是否足以制止该种行为。第四，刑事制裁的成本。①

法律作为调整社会关系的一种手段，并非社会调整的唯一手段，并非能够覆盖到社会的每一个角落。刑法基于其调整手段严苛、成本高昂的特性，故只有危及社会存在的基本价值及发展的关键领域遭受破坏和威胁时，才应考虑适用刑法予以调整，刑法的抑制、压缩也就是应有之义。刑法谦抑主张刑法应当采退让的态势，对于社会有危害的行为刑法绝非首先考虑的手段，而需优先考虑其他可能的调整方法。对于已由刑法进行调整的危害行为，如果动用其他手段更为有效、经济，就应在立法中对该行为出犯罪化。对于新社会条件下产生的新型危害行为，应首先考虑非刑法规范调整的可能，只有行为的社会危害性超越非刑法规范驾驭的范围，才考虑将该行为入犯罪化。在刑法谦抑原则的指导下，刑法的调整范围必然出现紧缩的状况。而纵观人类社会法律制度进化历程，刑法在整个法律体系的比重逐渐降低的趋势便印证了刑法谦抑紧缩性的内容。刑法紧缩的根本原因就在于社会与个人之间，即权力与权利之间关系的变化。在现代社会，公民个人利益得以重视，因而调整个体间权利义务关系的民法就逐渐发达起来，刑法的作用就仅限于维

① 参见陈家林著：《外国刑法通论》，中国人民公安大学出版社2009年版，第92～93页。

持社会必要的生存条件，这就是刑法紧缩的深刻原因。[①]

刑法的紧缩性从另一个角度出发便是刑法的补充性，二者内涵存在一定程度的重合，均强调刑法的谦抑、不轻易介入，如果说刑法的紧缩性较侧重于对刑法的历史考察而言，那刑法的补充性则是基于对法律体系分析得出的结论，更多时候二者是作为一个问题的两个侧面存在。在法律体系中，刑法在调整对象、调整手段上与其他部门法有所不同，其作为国家机器对危害行为最为激烈的反应方式，决定其针对的须为社会危害性严重的行为外，也决定了其调整的范围极其有限。由此必须要准确把握刑法和其他部门法的关系，谨慎地划定行为入罪的范围。刑法作为法律体系中后位性的规范手段，对于其他部门法处于保障法的地位。考夫曼曾论述过，在居民自己可以做好事情的时候，政府不应去干预，个人为社会成员尽可能地给予自由，在必要的时候才是国家介入。补充性原则是社会正义之一部分，公益的一部分。因为补充性原则一方面是涉及人民发展自由之法律上的衡平，另一方面涉及国家对此自由之保障与支持。补充性原则消极意味着，国家不允许在个人或团体成员根本不需要帮助时，而为帮助行为——即使今日所生的向国家请求“帮助性的”干预。另外涉及积极的帮助，在个人或团体中无人能完成的任务下的协助。补充性原则传统上特别是在国家法与宪法中受到争论。但其却在刑法中扮演重要角色。何者是“刑法不完整的本质”，正是补充性原则的观点。就此是指，刑法仅能在保护社会必要时始能介入，这是指唯一保护人之生命在与其他人共存时所不可或缺以及以其他方式不能比以刑法为有效保护之法益。[②]

刑法对犯罪行为的否定评价，需要动用一定的权力资源予以实

---

① 陈兴良著：《刑法理念导读》，法律出版社2003年版，第196～197页。

② ［德］考夫曼著：《法律哲学》，刘丰义译，法律出版社2004年版，第317～319页。

现。权力通过法律确立在合理的框架内，其行使存在一定的界限、规律，需要相应的人力、财力成本的投入，也要考虑其所能达到的社会效益。将经济成本分析引入刑法领域，是近代以来的事情，功利主义学者对此贡献极大。功利主义学派代表人物边沁便是基于功利主义角度出发，对刑罚作用的有限性进行了反思，极力反对：(1) 滥用之刑——对不存在现实之罪而进行的刑法干预的情况；(2) 无效之刑——对意志毫无效用，因而无法预防相似行为而进行的刑法干预的情况；(3) 过分之刑——通过更温和的手段，诸如指导、示范、请求等可以获得同样效果时，却适用刑法干预的情况；(4) 昂贵之刑——通过刑法干预的不利后果大于所调控的危害行为所造成的损害的情况。[①] 过度强调刑法的经济成本，忽视刑法自身的价值及其功效固然是舍头取尾，但刑法价值的实现毕竟不是抽象的概念换算，在现实体制下分析犯罪控制和刑法打击的资源投入及成本是可行的。司法资源的有限性必然也使得在保证刑法目的的实现的前提下刑法成本压缩的命题成为可能。公正和效率作为刑法规范设计、实现均予以考虑的价值，很多时候能够和平共处，在两者发生冲突时，刑法谦抑的主张便是均衡器。谦抑主义的观点主张公正实现的同时不能忽视效率，否认纯粹报应的低效率或无效率的刑法动用，只有能够实现有效率的公正的刑法规范才是理性的。

刑法谦抑主义的重要理念就是谦让克制，秉承最小、最合理限度内的适用，主张宽容。现代刑法在发展过程中摆脱了古代刑法严厉、残酷的特征，在人道主义的指引下注入了宽容的特性。刑法的宽容性，不仅事关刑法轻重、严苛程度，更是刑法在调整社会与个人关系时把握的准则，刑法的宽容性实际就是社会冲突化解机制中宽容性的刑法表现。陈兴良教授认为，刑法宽容性的考察必须立足

① ［英］杰里米·边沁著：《立法理论——刑法典原理》，李贵方等译，中国人民大学出版社 1998 年版，第 167 页。

于社会，须建立在刑法与政治宽容关系、刑法与宗教宽容关系、刑法与道德宽容关系的把握上，而刑法的历史就是一部为宽容而斗争的历史。[①] 随着社会市场经济的发展，个人理性逐渐苏醒，对刑法顶礼膜拜的万能主义逐渐消解，一些社会危害性较低的轻微犯罪行为被排除出刑法规制的范围，更多地诉诸较为柔和的社会矛盾解决手段，如承担民事责任、行政责任等。而刑法谦抑主义对实践发生影响体现在两个趋势上——非犯罪化和非刑罚化，二者分别从对待犯罪行为本身态度及法律评价的角度反映了刑法的克制、宽容理念。虽然社会环境在不断变化，行为的社会危害性评价体系也在不断变化，但刑法作为保障合法权益的最终手段、介入以必须为限的理念不会发生变化。

二、刑法谦抑原则的价值取向

刑法谦抑原则得以确立的社会基础是市民社会的出现。市民社会的形成使得一元的社会结构被打破，源于社会生产和人类交往互动的发展，带动了一系列社会基础和上层建筑的变动，逐渐形成了政治国家和市民社会二元互动的新格局。市民社会中，个人获得自由生存、发展的权利，摆脱集权专制的束缚，任何权力对个体权利不得横加侵犯，政治国家介入市民社会的范围在萎缩。政治国家权力介入虽趋向消极，但也强调公共服务功能，其涉及范围还是非常广泛的，个人自由必须得到政治国家权力的保障。刑法谦抑主义根植于市民社会的价值取向中，也为进一步实现市民社会人权保障的价值追求发挥功用。

根据市民社会与政治国家是否分化，社会结构可以被区别为一元化结构和二元化结构。在前资本主义社会，市民社会与政治国家高度重合，没有明确的界限，是典型的一元结构社会，刑法以保护国家利益、社会利益为己任，它最大限度地追求对犯罪的打击，强

① 陈兴良著:《刑法理念导读》，法律出版社2003年版，第222页。

调法益保护和秩序维持。出于整体利益保障的需要，必要时可以牺牲个体的自由、权利，个人权利面临任意被侵犯的风险，难以实现人权保障的价值取向。随着市民社会从政治国家中彻底分化出来，市民社会与政治国家二元独立存在。私人等级作为市民社会的等级评价，私人等级的政治意义和政治功能逐渐丧失，实质是基于不同利益而组成的不稳固集团，该不稳固利益集团可能通过一定自治的组织形式来反映利益诉求，故私人等级完全处于公民身份的对立面，人的本质具有二重性，这就是市民与公民的对立。人同时具有两种属性，即公民和市民两种身份，在政治生活和市民生活中分别存在。市民社会开辟了免受政治国家介入的一个相对独立的公共空间，排斥了政治国家的不当干预。在二元社会结构中，刑法并不单纯是保护社会的工具，更负有保障人权的使命。从刑法的意义上来说，人权是基本的、不可侵犯的，而公民权是维护人权的基本手段。为了防范个人自由受到侵害，人们通过联合组成政治国家，政治国家享有刑罚权。由于刑罚权来自公民的授予，因此，它受制于权利，为保护市民社会的生存、发展而存在。国家权力受到公民权利的制约，保障人权作为国家权力存在的根据，这一切依赖于法治原则的确立。另外，公民权利的行使受到法律的限制，应在一定范围内行使。由此可见，市民社会和政治国家通过权力与权利实现内在的关联。国家为了保护社会，就有必要设置刑罚，刑罚权就有存在的理由，但又必须对刑罚权加以限制，否则就会侵犯人权，根本出发点在于人权保障，这便是刑法谦抑主义所蕴涵的部分内容。①

刑法作为上层建筑的行为规范，由一定社会的物质生活条件所决定，反之刑法亦作为维护物质基础的重要手段而存在。在不同的社会结构形态中，刑法的使命和价值取向也各有不同。耶赛克论述到：刑法只是社会控制的一种方式，它的适用，必然会导致对当事人的自由、尊严和财产的重大侵犯和由此而导致的其他社会不利后

① 陈兴良著：《刑法理念导读》，法律出版社 2003 年版，第 103 ~ 109 页。

果，因此，它必须在最大可能限度的范围内使用。只有建立在责任原则基础上的刑法，才有可能保护人民大众生活在自由中。因为只有这样的法律才把人看做有责任感的公民，而通过允许和禁止规范向他的理智和自律感发出呼吁，而且，这种呼吁是严肃的。人们意识到通过法治国家的基本原则对刑法加以限制的必要性，也意识到并不是一切看起来对于控制犯罪有效的方法都是正义的。作为刑事政策的人道主义不再限于个人对于事物所持有的同情态度，而是社会对于犯罪现象所应承担的共同责任问题。对于犯罪人的关怀不再是一种恩惠，而是法治国家一项义务性的社会任务。[①] 无论是在不同社会还是在同一社会，法益保护、人权保障均作为刑法所追求的价值同时存在。刑法需要在一定价值冲突中寻求平衡，刑法谦抑原则还具有整合价值对立的功能。如前所述，刑法谦抑原则确立的社会基础是市民社会的出现，其价值追求和市民社会的精神内涵具有内在的同一性，终极目标是实现个人理性地生存与发展，强调人权保障的机能。刑法谦抑主义的特性是谦逊、退让，从功能而言，能够实现多重价值的均衡、调和，亦能够实现多重价值的包容。刑法谦抑原则在保障人权的基础上，调和秩序维护与自由维护间的冲突。刑法谦抑原则秉持社会基本秩序遭受侵害才动用刑法规制的限度，最大限度地给个人自由划出相应的空间，以实现人权保障的价值追求。

三、刑法谦抑原则在罪与非罪界定中的表现

罪与非罪的界定存在于静态的法律规范中，又存在于动态的法律运行中，故罪与非罪的界定是游转于法律预设体系和法律规范运用系统的问题。若要在罪与非罪的界定中贯彻刑法谦抑原则，即刑法在法律预设体系和法律规范运用系统中要保持谦逊退让的品格，

① 李海东著：《刑法原理入门（犯罪学基础）》，法律出版社 1998 年版，第 11 ~ 12 页。

具体而言便是立法上限定刑法的调控范围、调控方法和司法上事实认定、法律适用的谨慎。

立法中秉持刑法谦抑理念，是刑事司法谦抑运行的先验基础。罪与非罪的界定在立法层面的问题集中在刑法调整范围的划定，决定了具有社会危害性的行为是否入罪评价，刑法谦抑贯彻其中就是要谦逊谨慎地划定犯罪圈。过于宽泛的犯罪圈使得刑法的调控范围过于延展，甚至会不当地干涉公民的自由、侵犯公民的人权；而过于压缩的犯罪圈使得刑法当作为严苛裁判者存在的缺失，严重侵犯法益的行为得不到应有的调控，可能危及社会基本秩序乃至动摇社会基础，不能保障广大公民的社会生存安全。理性的犯罪圈划定就是要在刑法的扩张性和必要性之间寻求合理的平衡，这和刑法谦抑原则平衡法益保护和人权保障的价值取向是一脉相承的。而犯罪圈的划定便是要基于刑法谦抑原则要求的刑法紧缩、补充、经济等特性出发，从大量侵害法益的行为中筛选出确实需要动用刑罚予以规范的行为加以规制。“立法者在划定法定犯罪圈时，实际上不能不受诸如实际的不法行为态势、民族文化传统、政治组织方式、经济运行体制、刑事司法能力、公众的社会化的自觉程度以及对于不法行为的社会承受力和容忍度、社会文明程度等诸多因素的制约。”①刑法谦抑原则要求刑法对社会生活的介入必须是必要及合理的，只有行为侵害了法益，且其他行为调控手段无法有效地保护该法益，只能动用刑法且刑法的动用有效时，才能将该行为入罪评价。这有双重内涵，一重内涵是刑法的介入须是必要的，能被评价为犯罪的行为是出于维护公共安全秩序必需的。行为若会对社会基本秩序造成严重的损害，动摇到社会基本价值体系，且其他法律手段对行为无可奈何，都是必要性的应有之义。具体来说，只有具有严重危害社会性和刑罚必要性的行为才能考虑动用刑法予以调控，严重的社会危害性和刑罚必要性是质和量的统一，缺一不可，将入罪评价的

① 梁根林：《论犯罪化及其限制》，载《中外法学》1998 年第 3 期，第 52 页。

行为和其他失范行为区分开来。严重的社会危害性是犯罪圈划定的基底，严重的社会危害性是融合了政治、经济、社会等因素的综合评判。“刑法对不法行为干预的程度，取决于一个国家对一定历史时期内不法行为危害量的估计和现实评价，受这个国家现存的政治组织形式、经济运作方式以及社会大多数成员的价值观念和对于不法行为的承受力、容忍度制约，因而不可避免地呈现国别差异（横向差异）；在同一国家的不同历史时期，随着上述因素的演进和变迁，对犯罪行为进行定量的标准也会呈现时间差异（纵向差异），特别是具体犯罪的危害性质和构成形态是多种多样的，事实上不可能对所有犯罪适用一个统一的定量标准。因此，不法行为犯罪化的定量标准必然是具体的、历史的、现实的。”① 另一重内涵是刑法的介入也须是合理的，应当把犯罪圈限定于最小的程度，刑法并非万能，且刑法的动用需要成本的投入，只有刑法能够在合理的社会资源配置下予以有效调控的行为，将其入罪评价才具有合理的价值。如前所述，犯罪圈划定的标准是社会危害性和刑罚必要性双重统一，入罪评价的行为不仅本质上须具有严重社会危害性，为社会评价体系所不能容忍，且从法律评价的效果上来说，只能诉诸刑法的调整，刑法的发动也应是可控范围内的有效。

罪与非罪的司法认定，是一个若干价值判断交替、进行的过程，无论是案件事实、法律规范的获得，还是案件事实与法律规范之间的认定，均夹杂着价值判断。“按照汉斯·凯尔森的观点，依据一般有效规范对一种事实行为所作的应当是这样或不应当是这样的判断，就是一种价值判断。”② “价值判断是判断主体根据价值主体的需要，衡量价值客体是否满足价值主体的需要，以及在多大程

① 梁根林著：《刑罚结构论》，北京大学出版社 1998 年版，第 252 页。

② ［美］E. 博登海默著：《法律学——法律哲学与法律方法》，邓正来译，中国政法大学出版社 1999 年版，第 525 页。

度上满足价值主体需要的一种判断。"[①]"我们经常可以看到，有许多案件仅依法律条文的字句进行逻辑推论是无法解决的。为什么会产生这种现象呢？因为条文中使用的概念通常由内容（含义）不甚明确的日常用语所构成。即使赋予某一技术概念以特有的含义，亦无法覆盖具体生活中的方方面面。在这种情况下，仅依条文的字句进行逻辑推理是不可能导出审判的结论的。它要求，法官在具体的事件中必须依据各种事实关系与条文规定的内容进行对照，自己去作出价值判断……总之，在审判的过程中，法官的确是进行价值判断的，而且这种作为审判依据的价值判断往往与审判的逻辑说明同时或先于逻辑说明进行，二者在现实中相互交错、相互影响。"[②]价值判断存在于罪与非罪界定的过程，不仅限于基于一定的价值取向对案件事实、法律规范进行判断，还涵盖了若有多个价值诉求存在时如何平衡的问题。刑法谦抑原则以人权保障为出发点的价值整合功能，无疑与罪与非罪司法认定的价值判断的需要是相互契合的，与罪与非罪界定的价值取向也是内在统一的。将刑法谦抑原则内化于罪与非罪司法界定的活动中，在事实认定、法律规范获得的过程中均要秉承刑法谦抑原则的要求，在自由与秩序、公正与效益等价值发生冲突时更是要把握刑法谦抑原则的价值导向。对于犯罪构成认定无任何异议的行为，司法裁判者往往不会发生罪与非罪界定的错误，而在行为介于罪与非罪界定的模糊空间时，司法裁判者如何进行价值判断将至关重要。案件事实需依据证据的获得予以查清，若纵观全案证据不能得出唯一、清晰的案件事实，行为的有罪认定就存疑；若案件有罪证据与无罪证据同时存在，依据证据效力无法得出合理的判断结论，行为宜作出罪评价；更勿论案件事实不能查清的情形，行为无罪处理也是必然。法律规范虽以明确性为其

---

① 卓泽渊著：《法的价值论》，法律出版社1999年版，第616页。

② ［日］川岛武宜著：《现代化与法》，申政武等译，中国政法大学出版社2004年版，第243～244页。

内在要求，但法律语言的模糊、滞后也不可避免，难以涵盖现实多样的行为形态不可避免。行为若是介于立法罪与非罪界定的边缘，或是介于众法律规范的夹缝中，司法裁判者对该行为进行界定时，更是要基于刑法谦抑的要求对行为社会危害性进行价值评判，作出是否须将其纳入法律规范评价科以刑罚的结论。

第三章

罪与非罪界定的逻辑起点：犯罪本质

犯罪本质在刑法理论中是划定犯罪圈、建构犯罪论体系的逻辑基础，同时对于具体的司法活动亦具有确定相应价值取向的功能，对于直接解释犯罪构成、适时更新同社会发展相适应的犯罪构成内涵具有重要的基础性意义，正如有学者所讲的那样："首先，犯罪的本质论是立法者制定犯罪构成要件时的衡量标准，它允许根据行为严重程度的不同对不法进行分类，并在量刑时加以不同的评价；其次，当司法裁判解释行为的性质时，必须运用犯罪的本质论，寻求作为构成要件基础的目的和价值观。"① 所以说，犯罪本质是罪与非罪界定的起点。在我国刑法理论界，传统的观点认为犯罪本质是严重的社会危害性，但是有学者认为该概念过于抽象、内容模糊、主观色彩严重，外延不够精确而对之予以批评，并进而提出用法益侵犯直接来替代社会危害性作为犯罪的本质，但是法益本身具有的概念模糊、外延不清等特点也使其丧失了替代地位。同时犯罪本质在犯罪论中的地位如何，传统社会危害性理论的属性是什么，都有争议。但是，无论如何，犯罪本质应当在刑法领域具有确确实实、易于把握、实践性强的理论特点得到了越来越多的认同。

① 童德华：《犯罪本质的新诠释》，载《湖北警官学院学报》2005 年第 3 期。

第一节　犯罪本质的学说纷争

一、社会危害性本身的争议

我国传统理论认为，犯罪有两个基本特征，一是严重的社会危害性；二是刑事违法性。其中严重的社会危害性是犯罪的本质特征，刑事违法性是犯罪的法律特征。如有权威教科书讲到："犯罪的两个基本特征应当是：（1）犯罪的本质特征——行为的严重社会危害性；（2）犯罪的法律特征——行为的刑事违法性。"① 刑法理论界对于犯罪的本质特征是严重的社会危害性基本上是一致的，但是对于该概念本身的内容、属性等方面也有众多的争议。

（一）社会危害性的内容是否包含主观内容

对于社会危害性的内容，是仅包括客观的要素，还是主客观要素的结合，存在争论。持客观内容的论点认为社会危害性作为罪与非罪判断的一个重要标准，是客观的东西，具有客观的性质，如果加入主观要素，会造成行为危害程度同刑事责任等同的后果，也会使社会危害性这一概念变得模糊不清，因而是不正确的。正如有学者讲道："在判断行为的社会危害性时，不应考虑行为人的主观内容，而只能从该行为客观上是否侵犯了刑法所保护的社会关系或者利益的角度来考虑，否则就会使社会危害性的认定丧失统一标准，导致犯罪认定的任意化、主观化。"②

另有观点认为严重社会危害性的内涵不仅包括客观上所造成的现实危害，主观的恶性也是其应该考虑的因素，只有两者都予以考虑，才能真正把握严重社会危害性这一犯罪本质的精髓。"社会危

① 马克昌主编：《犯罪通论》，武汉大学出版社2005年版，第18页。

② 黎宏：《判断行为的社会危害性时不应考虑主观要素》，载《法商研究》2006年第1期。

害性首先表现为客观上的危害，这是毫无疑义的。我国刑法分则规定的许多犯罪，都是以物质性或非物质性的客观损害结果作为构成犯罪的必备要件之一。任何犯罪都是主观和客观的统一。在这个意义上说，犯罪的本质特征——社会危害性也必然是主观和客观的统一。”① 还有观点进一步讲道：“社会危害性及其程度，不仅是由行为客观上所造成的损害来说明的，还包括行为人的主体要件和主观要件。例如，故意伤害和过失伤害，即使造成的伤害程度相同，两者的社会危害程度也不一样……由此可见，把社会危害性及其程度仅仅认为具有客观属性，而否认人的主观因素的作用，不符合我国刑法的规定，因而是不足取的。”② 这类观点认为，社会危害性作为犯罪的本质特征，能全方位反映一个行为的性质，如果要全面地把握行为，主客观方面的因素都需要予以考虑。

（二）社会危害性与刑法解释的关系

有观点认为，犯罪的本质与刑法解释没有内在的联系，社会危害性的概念具有极强的抽象性，只能存在于犯罪学领域，不能规定于刑法中，也不得以严重社会危害性对刑法规则进行注释，更不能以其影响具体的刑事司法。持该观点的学者讲道：“在罪刑法定原则下，社会危害性更应当回归于犯罪学之中，而在刑法学中用法益侵害和严重的法益侵害取而代之，并且它们只有被明确规定在刑法中才能叫刑法法益侵害。”③ 对于社会危害性相对于刑法解释的意义，有学者将其严格地定位于“以犯罪学的犯罪概念及其演变，通过刑事政策对立法产生影响”。④ 从上述观点可以看出，社会危害性在刑法中没有存在的余地，那么在刑法解释学中自然也就没有

---

① 李海东著：《刑法原理入门（犯罪论基础）》，法律出版社 1998 年版，第 8 页。

② 马克昌主编：《犯罪通论》，武汉大学出版社 2005 年版，第 21 页。

③ 李晓明、陆岸：《社会危害性与刑事违法性辨析》，载《法律科学》2005 年第 6 期。

④ 陈兴良：《社会危害性理论——一个反思性检讨》，载《法学研究》2000 年第 1 期。

其存在的价值。

持社会危害性对刑法解释具有重要意义的观点则认为，社会危害性是一个非常重要的概念，无论在犯罪学领域还是刑法解释学领域都可以发挥界限标准等重要的作用。有学者具体总结道：社会危害性理论不仅在犯罪学上具有存在的意义，它在刑法解释学中也具有存在的价值，其价值体现在以下三个方面："一是决定行为是否属于正当行为。正当行为是形式上符合刑法分则规定的犯罪构成而实质上不具有社会危害性的行为。在认定犯罪的成立时，对于形式上符合犯罪构成的行为，应当进一步考察行为是否具有社会危害性。如果行为不具有社会危害性，行为就属于正当行为。所以，社会危害性是决定正当行为成立的关键。二是区分犯罪行为与一般违法行为。社会危害性对于确定犯罪的定量因素，对于区分犯罪和一般违法行为，具有十分重要的意义。这是社会危害性出罪价值的另一表现。三是决定量刑的轻重。罪刑相适应原则为社会危害性在量刑中的作用提供了理论根据。"① 上述学者的观点将社会危害性作为一个操作性极强的判断罪与非罪、罪轻与罪重的理论标准，赋予了其积极的意义。

（三）社会危害性与刑事违法性的关系

传统刑法领域认为，社会危害性与刑事违法性的关系是里与表的关系，是内容与形式的关系，社会危害性是从内在的、实质的方面对行为的一个评价，而刑事违法性则是指行为违反了刑事规范，两者是有机的统一体。同时指出两者有位阶之差，社会危害性是第一位的，刑事违法性是第二位的，行为只有具备了社会危害性，才有可能谈到刑事违法性的问题。例如，张明楷教授早期讲道："应受刑罚处罚的社会危害性的内部结构是主客观统一的，这种主客观统一的具体表现就是，行为的侵犯性、罪过性和行为人的人身危险

① 王政勋：《论社会危害性的地位》，载《法律科学》2003 年第 2 期。

性的统一。”[1] 权威观点认为：“行为的严重社会危害性是刑事违法性的前提，刑事违法性是行为的严重社会危害性在刑事法律上的表现。严重社会危害性是第一性的，刑事违法性是第二性的，是由行为的严重社会危害性所决定的。”[2] 这说明行为的社会危害性是刑事违法性的基础和前提，而刑事违法性则是社会危害性在刑法规范上的具体体现，那么社会危害性就是犯罪最本质的属性，在一定意义上是表与里的关系。

但是，也有观点通过对《刑法》第13条的批判，从而质疑通说关于社会危害性与刑事违法性的关系。《刑法》第13条规定：“……危害社会的行为，依照法律应当受刑罚处罚的，都是犯罪，但是情节显著轻微危害不大的，不认为是犯罪。”该观点说道：现行《刑法》第13条中使用了“社会”字样，突出了社会危害性，并用危害不大强调了社会危害性程度对罪与非罪的决定意义。这反映了修订后的刑法所规定的犯罪定义中存在社会危害性标准，同时该条又使用了依照法律字眼，明文确立了规范标准（刑事违法性标准），在同一个定义中同时使用互相冲突、排斥的两个标准来界定犯罪，势必影响罪刑法定原则在犯罪定义中的完全彻底体现，使犯罪这个基本定义的科学性大打折扣。[3] 该观点认为，作为规范标准的刑事违法性与作为实质标准的社会危害性具有冲突性，不应该在犯罪概念中同时出现，从而否认两者间具有内容与形式的关系。还有一些观点从社会危害性本身是内容空泛的，其不是一个刑法用语等方面对之予以否定。

赞同传统观点的学者在不否认传统理论有瑕疵的基础上，从应然和实然的关系以及价值取向等方面对认为两者之间没有关系的观

---

① 张明楷著：《犯罪论原理》，武汉大学出版社1991年版，第73页。

② 马克昌主编：《犯罪通论》，武汉大学出版社2003年版，第26页。

③ 樊文：《罪刑法定与社会危害性的冲突——兼析新刑法第13条关于犯罪的概念》，载《法律科学》1998年第1期。

点予以反驳。有学者针对社会危害性和刑事违法性的不对称指出："在现代多元的社会中，法律价值不可能是单一的、一元化的，而是由不同层次的价值观念依照不同的权重组成的价值序列和体系，在这个价值序列内部各种价值观念之间的冲突和矛盾是不可能避免的，过多地强求它们间的一致与和谐也是非现实的，关系是通过合理的安排使之处在可以控制的限度范围内。"① 该观点在承认社会危害性和刑事违法性之间不是一种严丝合缝的关系，是不太一致的，但是认为通过法律工作者的智慧和法律技巧，是可以使它们调和的。另外有学者讲道：社会危害性与刑事违法性的关系应当从两个层面上讲，第一层面是应然的、理想层面。在这一层面，刑事违法性与社会危害性是统一的，一定的社会危害性是犯罪的基本属性，是刑事违法性的基础，刑事违法性是社会危害性在刑法上的表现，行为的严重社会危害性是刑事违法性的前提；社会危害性是第一性的，刑事违法性是第二性的；刑事违法性由行为的严重危害性所决定。在此层面上，我国刑法理论通说的见解是妥当的。第二个层面是现实层面，即社会危害性与刑事违法性二者之间由于立法技术、语言的特性、人的认识能力、社会生活的复杂多变等因素的影响而并非绝对统一关系，在现实的立法与司法上，或多或少地会呈现出社会危害性与刑事违法性的对立状态和冲突。在这个层面，我们与批评者的观点有相似的看法。将两个方面结合起来，我们认为社会危害性与刑事违法性是一种对立统一的辩证关系、矛盾关系。②

二、社会危害性否定论

目前，我国刑法理论界有学者针对社会危害性的一些不足，提

① 张阳：《社会危害性与刑事违法性的理论冲突及其解决》，载《中国刑事法杂志》2009 年第 5 期。

② 齐文远、周详：《社会危害性与刑事违法性关系新论》，载《中国法学》2003 年第 1 期。

出全面否定社会危害性概念，将其从刑法理论全面清除的观点。该观点认为社会危害性所代表的实质理性与彰显形式理性的罪刑法定原则格格不入，该理论的内涵不清，不易于把握，不利于保障人权，是一个政治语言，不应该存在于刑法理论中。正是因为社会危害性是一个实质性的评价，那么其与形式评价的刑事违法性的矛盾决定了其没有意义，正是因为社会危害性是一个社会评价，而与侧重于形式评价价值取向的罪刑法定有严重的冲突，会对罪刑法定原则造成损害，不利于我国法治国思想的彻底贯彻。

有关形式与实质的矛盾，有学者讲道："我国犯罪的社会危害性理论内在地排除了犯罪的形式内容，这不可避免地得出犯罪的形式内容是犯罪法律特征的结论，决定了在犯罪的刑事违法性与社会危害性发生冲突时必然要牺牲刑事违法性去追求所谓的实质正义，失去了形式内容制约的'社会危害性'，由于脱离了刑法规范，必然失掉自身的内涵，走上被抽象化、空洞化的道路，致使罪刑法定原则无安身立命之地，助长国家刑罚权的滥用。"① 另有学者则针对传统刑法理论关于社会危害性与刑事违法性之内容是第一性，形式是第二性，内容决定形式的关系在实践中变成了刑事违法性决定社会危害性之有无，形式决定内容的现象，对社会危害性概念本身作了批评："即以社会危害性为核心的实质定义在司法中并没起到实质判断的功能，社会危害性的认定完全依赖于行为的刑事违法性，社会危害性的实质内容被刑事违法性架空。"② 对于其不具有实体的刑法意义，他继续讲道："社会危害性这类对于犯罪规则外的实质定义的弱点在于，在这个基础上建立起来的犯罪体系完全依赖于行为的规范属性……对于犯罪本质作社会危害性的认识，无论它受到怎么样的赞扬和称颂，社会危害性都不具有作为基准的质和

① 李丽华，刘志明：《关于对犯罪本质社会危害性理论的反思与探讨》，载《山东电大学报》2002 年第 2 期。

② 李海东著：《刑法原理入门（犯罪论基础）》，法律出版社 1998 年版，第 7 页。

量，更不具有规范性，它只是对于犯罪作社会和政治上的否定评价。这一评价本身当然不能说是错误的。但其不具有实体刑法上的意义。当然没有人会宣称所有具有社会危害性的行为都要受到刑法的惩罚。但是，在这种前提下，如果想要处罚一个行为，社会危害性说则可以在任何时候和情况下提供一个不明确的标准。”① 还有学者从另外的角度对社会危害性作为犯罪本质作了否定性的论述，该学者首先区分了犯罪本质与犯罪的本质特征，提出犯罪本质是行为对社会规则最严重的藐视，犯罪的本质特征则是应受刑法惩罚性，极具新颖性。就犯罪本质与犯罪本质特征的区别他讲道：“犯罪的本质就是指犯罪本身所固有的、决定犯罪的性质、面貌和发展的根本属性。犯罪的本质是隐蔽的，必须透过犯罪的外在征象予以把握。”从上可以看出，他认为国内刑法理论混同了犯罪的本质和犯罪本质的特征，进而提出犯罪本质并非被视为犯罪本质特征的社会危害性或严重的社会危害性或负刑事责任程度的社会危害性，因为社会危害性或严重的社会危害性不具有将犯罪与其他一切社会现象完全区分开来的功能。对于犯罪本质与本质特征他提出自己的见解：“其实，从恩格斯的论断之中我们得到的犯罪的本质应是犯罪人之于社会秩序的极端蔑视态度或极端蔑视性……犯罪的本质特征便具有从外在表现上将犯罪与其他社会现象相区分的功能。具有从外在表现上将犯罪与其他社会现象相区分的功能的犯罪的本质特征是什么呢？在社会危害性、刑事违法性和应受惩罚性之中，我们只能选择应受刑罚惩罚性作为答案。”② 还有学者从社会危害性发展历史脉络作为切入点，对社会危害性理论进行了全面的梳理，认为社会危害性概念就是一个政治性和社会性的概念，根本无法将刑法闭合，使刑法理论经常引导入一些社会性的含义，极易产生侵犯人

① 李海东著：《刑法原理入门（犯罪论基础）》，法律出版社 1998 年版，第 8 页。

② 马荣春：《犯罪本质与本质特征新界说》，载《南昌大学学报》（人文社会科学版）2006 年第 3 期。

权的现象。他讲道："我个人的观点十分明确，就是主张彻底否定社会危害性理论。除了社会危害性理论本身具有的意识形态的历史沉淀外，它实际上是法的对立面的实质主义思想的产物以外，还可以从以下三个方面进行逻辑的辩驳。"① 三个方面分别是：刑法中的犯罪概念应当是刑法典中规定的犯罪概念，而非刑法理论外犯罪的一般概念，如果在刑法典之外另行认定犯罪，那么势必带来法治的破坏；刑事违法性和社会危害性之间的关系是一个相当复杂的问题，在立法层面，认为社会危害性决定刑事违法性是合理的，但是在刑事司法的层面，同样的结论可能就是不适当的；在社会危害性与刑法中但书的关系上，也显示了社会危害性的不适当性，即从立法与司法两个方面分析，犯罪概念的但书规定都存在重大缺陷，这种缺陷恰恰缘于其所依赖的社会危害性判断根据的不合理性。根据上述观点可以总结出社会危害性否定的理由有四个方面。一是社会危害性是超规范的一个概念。社会危害性与罪刑法定原则相违背，对国家的刑事法治具有副作用，作为超越法律规定的社会危害性理论为随意地对人定罪提供了一个泛化的标准，破坏了罪刑法定。二是社会危害性不具有实体性，是一个十分空泛的没有自身认定标准不易把握的一个概念，本身为实质定义的社会危害性反而在具体的司法中没有实质地去把握一个行为是否构成犯罪，没有以实质的标准去判断，社会危害性的标准被架空，完全为刑事违法性所替代。三是该概念不是刑法领域里专属的概念，其他违法行为也具有社会危害性，就为刑法的泛道德化提供了一个基础。四是犯罪本质与犯罪本质特征有区分，不能将两者予以混淆，犯罪本质是严重藐视社会规则，而犯罪本质特征则是应受刑法惩罚性。

针对社会危害性的上述缺点，持批评态度的学者提出了用法益侵害说替代之，具有代表性的观点指出："社会危害性是一个未经

① 陈兴良：《社会危害性理论：进一步的批判性清理》，载《中国法学》2006 年第 4 期。

法律评价的概念，因而以社会危害性作为注释刑法学中犯罪概念的本质特征，并以之作为区分罪与非罪的界限，就会导致超法规的评价，这在罪刑法定原则的刑法构造中是极为危险的。而法益侵害就不存在这种危险，因为法益侵害是以刑法评价为前提的，具有规范性，所以应当用法益侵害替代社会危害性，社会危害性只存在于立法上的犯罪概念或理论刑法学上的犯罪概念。”①

三、社会危害性肯定论

该论认为否定说的批评和质疑将社会危害性完全地妖魔化了，将其作为国家法治进程中障碍的全部原因，则是无限夸大了社会危害性作为犯罪评价标准的基础，带有情绪性的批评，有不公正之嫌。② 肯定论主要从以下几个方面对否定说进行了反驳。

（一）社会危害性存在的缺陷不足以成为将其逐出犯罪本质内涵的理由

社会危害性概念是有评价标准的易变性、模糊性和不确定性等特点，但是犯罪本身就是价值评判的结果，对犯罪的任何评价标准都是建立在一定的价值选择基础之上的，那么评价主体、语境和所采取的评价技术手段不同，任何评价标准都具有相对性。同时，社会危害性及其程度，总是与一定的社会政治形势密切相联系的，同一行为在不同的社会生活状态中其社会意义本身就是不同的，基于价值判断的范式，社会危害性缺乏精确的评价标准，不同的评价主体对同一行为的性质会形成不同的价值，这是客观存在的事实。有学者讲道：“我国刑法中的犯罪概念非但不会因为规定了犯罪的实质特征——社会危害性于其中而显得不合理；相反，正是因为它在规定了犯罪的形式法律特征的同时又规定了犯罪的实质社会特征，

---

① 陈兴良：《社会危害性理论——一个反思性检讨》，载《法学研究》2000 年第 1 期。

② 孙国祥著：《刑法基本问题》，法律出版社 2007 年版，第 68 页。

使得该种犯罪概念类型，无论是从逻辑结构来评判，还是从法概念体系的独特要求以及主体价值的变易性相适应的角度考察都是合理的。规定在这一犯罪概念之中的社会危害性理论，不但不与罪刑法定原则相冲突，它还通过发挥其自身的刑法解释机能，使得罪刑法定原则所体现的形式合理性得以充分实现。总之，社会危害性理论存在方式（规定于刑法中的犯罪概念之中）的合理性及其与罪刑法定原则相一致的价值立场表明，我国刑法中的犯罪概念是科学的，社会危害性理论是经得起推敲的。”① 同时，该学者认为，社会危害性作为犯罪的本质，是要回答犯罪的社会属性，是从社会学的角度回答什么是犯罪，其与犯罪的实质、犯罪的形式、罪刑法定原则等并不发生冲突。

（二）以社会危害性不具有刑法的专属性，因而否定其作为犯罪本质特征的观点，没有看透刑法本身是统治阶段意志的体现，是为了使其他法律最终实现目的之最终保障法这一真相，同时在立法方面更容易导致法律制定的不公平

无论是什么法律，其目的是调整与保护社会，社会危害就是对社会关系的一种破坏，在我国的法律体系中，针对不同的危害，就要使用不同的调整方法，而究竟使用哪种方法，最终的标准还是社会危害性。刑法作为这种调整方法的最终手段，具有保障其他法律目的实现的任务，就是因为其最终性，所以刑法这种方法所调整的对象就是最严重的社会危害性，在该意义上，就体现了社会危害性理论在刑法中的专属性。所以否定论所讲的社会危害性不具有刑法的专属性的观点，是站不住脚的。有学者说道：“社会危害性专指犯罪的社会危害性，作为犯罪的本质特征，社会危害性有程度上的要求，即必须是‘严重’的，否则‘……危害不大的，不认为是犯罪’。正因为这一限制，才从社会危害性的质与量的统一上，将

① 刘艳红：《社会危害性理论之辨析》，载《中国法学》2002 年第 2 期。

犯罪与一般违法行为区别开来。"[①] 对于如何克服社会危害性在立法方面的缺点，有论者说："社会危害性理论在立法方面的缺陷是不争的事实，但我们没有充分的理由否定其在此阶段的决定性作用。因为立法者在面对纷繁复杂的社会生活时，容易发生价值评判上的偏差，这或者是客观事物使然，或者更多是立法技术上的问题。我们相信，在制刑阶段上只要能胸怀正义，平衡秩序维持和人权保护的关系，充分发挥刑罚谦抑原则的制约功能，改善刑法立法技术，社会危害性理论的导向性评价作用就会日益成熟和加强。"[②]

（三）法益侵害与社会危害性相比，并不具有优势

刑法所加以保护的利益就是法益，但法益仅对限制刑事立法方面有意义，只有法律所保护的利益造成了侵害或者侵害的危险，刑事立法才予以规制。在刑事司法方面，行为只有造成了法益的侵害或危险，刑法才予以制裁，具有出罪的功能，这与罪刑法定的精神是一致的。但是如果认为社会危害性是指对刑法所保护的社会关系的侵害或者危险，社会关系又是维系正常社会秩序需要加以保护的，那么法益侵害与社会危害性两者仅仅是名称不同，本质上并没有什么区别，看不出法益的优势在哪里。如法益同样解释不了无刑事责任能力人对法益所造成的侵害，刑法为什么不能够将其认定为犯罪，而事实上，他们是在客观上造成法益侵害和危险。同时，法益对于一般的违法行为与犯罪行为的界限功能不能够得到发挥，例如，偷十元钱和偷十万元钱从法益侵害的角度来看，性质上没有区别，他们都是侵害法益的行为，但前者为一般的违法行为，而后者是严重刑事犯罪。同时由于立法的滞后性，并非对于刑法规则所确定的法益都要一直予以保护。所以，在我国刑法理论中，法益侵害

① 冉军、贾黎：《再论犯罪本质》，载《魅力中国》2008 年 12 月上期。

② 王利宾：《社会危害性理论的刑法学定位》，载《中共郑州市委党校学报》2009 年第 3 期。

和社会危害性两个概念只是名称不同，其内涵是一样的。有论者讲道："张教授的观点是在明知社会危害性理论的强大思维惯性难以全盘否定的情势下，置换其核心内容的做法，也是对社会危害性理论所作迂回的理论反动，旧瓶装新酒罢了。"① 还有论者将社会危害性区分为刑事立法与刑事司法："如果把社会危害性界定为体现于刑事司法上的社会危害性，那么，则不能把它逐出规范刑法学的领域，用法益侵害概念替换这种意义上的社会危害性概念没有必要。因为在坚持罪刑法定原则的背景下，这种司法上的社会危害性概念同作为认定犯罪的规范标准的刑事违法性，即作为规范刑法学中犯罪的本质特征的法益侵害概念，所指的是同一内容只是名词不同而已。"② 还有学者认为法益侵害说较之社会危害性说更不利于保障人权："若注重与强调法益概念的规范性与确定性，则必然是以牺牲其批判功能为代价的，导致其极易滑向形式概念的泥沼。从而无法有力地保护公民的基本人权。"③ 对于社会危害性较之法益侵害说该论者总结了三点。④ 一是从字面意义上来看，法益是指法律所保护的利益，利益的形成与分配都离不开社会关系，可见，法律所保护的利益实质是指法律所保护的社会关系。二是倘若承认法益的内涵为法律所保护的利益，其是作为整体法而非仅局限于刑法保护的利益。此时，若将犯罪的本质归结为对法益的侵害，势必混淆犯罪行为与一般违法行为（如民事违法行为、行政违法行为）的界域。三是即使限定法益为刑法所保护的利益，其和刑法所保护的社会关系又有何本质区别。既然社会危害性学说在我国刑法学界

① 刘剑：《刑事违法性理论的反思与重构》，载《河南省政法管理干部学院学报》2006 年第 2 期。

② 韩永初：《犯罪本质论》，载《法制与社会发展》2004 年第 6 期。

③ 肖敏：《社会危害性说地位之确证》，载《河南公安高等专科学校学报》2009 年第 3 期。

④ 肖敏：《社会危害性说地位之确证》，载《河南公安高等专科学校学报》2009 年第 3 期。

存有几十年的历史且已约定俗成，为人们所熟悉与援用，倘若换汤不换药，仅转换一套并无实质内容变更的话语系统，反而增加学术理解的困惑，阻碍学术沟通，无法搭建良好的学术交流平台，实无此变换之必要。

（四）社会危害性的提倡与罪刑法定并不矛盾

否定社会危害性的观点认为现行刑法已经确立了罪刑法定原则，那么社会危害性就没有存在的余地。肯定说认为，如果过分地强调社会危害性，以社会危害性作为评价行为是否构成犯罪的标准，对行为进行超规范的认定，刑法以及犯罪构成的确可能会被搁置，不利于保障人权，所以说对于社会危害性理论反省、质疑有一定的进步意义。但是如果全面来看问题的话，完全否定社会危害性理论，则是不科学的，因为在刑法理论界，从来都没有将社会危害性作为犯罪的唯一特征，而是将其作为本质特征。那么在司法实务中完全可以将社会危害性作为出罪的一个标准，而不是像传统那样将其作为超规范的入罪标准，与刑事违法性、犯罪构成等互为补充，以保障人权的价值取向进行判断，则完全可能杜绝社会危害性理论所带来的缺陷。有学者讲道："旧刑法的类推制度体现了社会危害性的入罪功能，但 1997 年《刑法》已经明确了罪刑法定原则，那么我国现行刑法并不存在社会危害性标准，这两个标准的冲突并不是我国刑法中实际存在的冲突，而是现有立法规定与一种过时理论的冲突。""我国《刑法》第 13 条关于犯罪的立法定义，既未采用纯粹的社会危害性标准，也没有采用完全的刑事违法性标准，是一种刑事违法性和社会危害性相结合、规范标准和非规范标准互为补充的复合标准。"① 有青年学者进一步补充道："犯罪概念中刑事违法性与社会危害性间的对立与矛盾是有特定语境的，它肇始于罪刑法定所要求的规范化犯罪类型的确立。犯罪的形式定义以及犯罪概念中的刑事违法性特征正是罪刑法定的应有之义和集中体

① 储槐值、张永红：《善待社会危害性概念》，载《法学研究》2002 年第 3 期。

现。因此，刑事违法性与社会危害性之间的冲突可以置换为罪刑法定原则与社会危害性之间的冲突。但是这不等于说两者是不可调和的，立法在更新，理论也要与时俱进。或者对罪刑法定进行扩张，或者对社会危害性进行限缩，我们完全可以通过理论上的恰当解释将二者协调起来。”① 还有学者从另外的角度讲道：“罪刑法定原则并不意味着刑法规范进行机械执行，在正当行为的场合，虽然社会危害性超出了刑法规范的边界发挥指导作用，但也并不违背罪刑法定。”②

四、结论

从上述社会危害性肯定论和否定论各方的观点可以发现两者均具备合理的因素，但是双方的观点都太过于偏激，没有全方位地理解和把握社会危害性理论。

就社会危害性与刑事违法性的关系而言，社会危害性与刑事违法性是一种既对立又统一的矛盾关系。两者关系应当从两个层面进行考虑：第一个层面是立法层面。在这一层面一定的社会危害性是犯罪的基本属性，是刑事违法性和应受惩罚性的基础，刑事违法性是社会危害性在刑法上的表现，行为的严重社会危害性是刑事违法性的前提，刑事违法性是由行为的严重危害性所决定的。就此而言，传统的刑法理论是合理的。第二个层面是司法过程的现实层面。在这个层面上，社会危害性是前提，它体现最基本的正义内容，形式违法性则是国家立法、司法机构精心运作的产物，除了受其本身内容制约外，它还受到诸如人权保障、公平正义、预防效果的限定。正是社会危害性的非规范性和形式违法性的规范性，决定

---

① 张阳：《社会危害性与刑事违法性的理论冲突及其解决》，载《中国刑事法杂志》2009 年第 5 期。

② 莫洪宪、叶小琴：《社会危害性和刑事违法性关系辩证》，载《江苏警官学院学报》2003 年第 4 期。

了认识前者容易后者难，所以针对于此，需要对社会危害性进行理论上的补充，使之更容易被人准确地认识。笔者认为，在目前状况下，社会危害性理论仍需保留，因为社会危害性作为犯罪的本质特征有我国现行刑法的明文规定，完全否定该理论的观点也不充分，在目前的语境下，社会危害性仍具有生命力，在我国宏观刑法理论上对刑事立法和刑事司法中的罪与非罪的判定起着不可替代的作用。在立法阶段，社会危害性回答了一定的行为对社会秩序的严重危害，提示了犯罪的本质特征。社会危害性使犯罪被限定为有社会危害的行为，使犯罪不能脱离社会危害性而存在，不具有社会危害性的行为不能被规定为犯罪，对限制国家刑罚权的运行，确立以及限定犯罪圈起到指导作用。同时，社会危害性理论解释了行为之所以被划定为犯罪的原因，反映了行为犯罪化的内在要求，解决了刑法确定犯罪的正义基础，成为刑法违法性的内在根据。刑法获得公众认同的基础就是社会危害性，并且决定了对刑法确定为犯罪的行为反应所需要的强度，社会危害性的大小同刑罚的强弱成正比，在立法层面非犯罪化的处理，正是在同一社会时期无社会危害性的必然结果。但是，在司法层面的社会危害性则发挥不了其应有的出罪功能，也是一个不争的事实。司法实践的过程其实是将通过立法程序的法律规定具体细化的一个过程，这在方法论方面就要求阐述犯罪的理论具有操作性，而社会危害性是一个抽象性很强的理论，在司法过程对于罪与非罪的界定不能够进行很好的指导和解释，不易于对之把握，在方法论上就失去了其存在的理由。所以需要对其进行具体的理解和细化，大陆法系的法益侵害说或者规范违反说则具有上述特点，易于把握和操作性，可以用该理论对社会危害性进行理论上的充实。

综上所述，本书的观点是保留社会危害性，鉴于其在司法过程中的缺陷，应以法益侵害说或规范违反说对之进行理论上的补充。社会危害性是上位概念，法益侵害说或规范违反说是下位概念，它们的任务就是进一步对社会危害性理论进行深化和说明，以弥补社会危害性理论在司法过程中的不足。

第二节　严重社会危害性与规范违反的契合

有关犯罪的本质与德日刑法理论实质的违法性的关系，张明楷教授认为两者是一致的。他首先认为犯罪本质有权利侵害说、法益侵害说、义务违反说和折中说，阐述德日刑法中实质的违法性包括法益侵害和规范违反，在德日刑法中，如果一个行为具备实质违法性，从某种意义上说该行为就构成犯罪，所以说实质的违法性指的也就是犯罪的本质。他指出："犯罪本质的争论与关于违法性实质的争论，可以归纳为对犯罪本质的争论进行讨论……前述有关犯罪本质的法益侵害说与有关违法性实质的法益侵害说，内容完全相同。"① 他又从犯罪论体系的角度提出："从犯罪论体系上说，大陆法系国家刑法理论的通说认为，构成要件是违法类型，即符合构成要件的行为原则上具有违法性，因此，违法性的实质也是构成要件的实质，结局成为犯罪的本质。"② 笔者认同张明楷教授所论述犯罪的本质与实质的违法性其实是一致的观点，实质的违法性就是有关法益侵害说和规范违反说的争论，可以说有关犯罪本质的争论其实就是法益侵说与规范违反说的争论。同样在实质的违法性领域内还有结果无价值与行为无价值之争，一般持法益侵害说主张结果无价值，规范违反说主张行为无价值，所以，本书中的法益侵害说、规范违反说和结果无价值、行为无价值的概念在某种意义上来讲，其内涵是一致的，可以互为替代使用。针对社会危害性理论在司法运作过程中的不足，笔者前文提出了用法益侵害说或规范违反说对该理论进行深化和补充，但两者哪一种学说更适合我国的现实国情，更适合我国现行的法律规定，需要深入细致的研

① 张明楷著：《法益初论》，中国政法大学出版社2003年版，第272页。

② 张明楷著：《法益初论》，中国政法大学出版社2003年版，第273页。

究。现在有观点提出用法益侵害替代或充实社会危害性理论，对法益侵害进入我国刑法理论的可行性进行了研究，但是法益侵害说真的适合我国的现行刑法规定吗？还是说规范违反说更适合我国的现实社会状况？经过对两种观点的比较分析和研究后，笔者发现规范违反说在我国现实刑法的语境下更具有生命力。

一、法益侵害替代论

法益侵害说始于19世纪。德国学者毕恩鲍姆在《论有关犯罪概念的权利侵害的必要性》一文中批判权利侵害说时提出权利是不可侵害的，即使人们丧失了什么或者作为权利对象的物被夺走或减少，权利本身并没有被夺走或减少。真正被夺走或减少的只是我们的“财”。后来宾丁认为，法益是刑法规范的客体，即在任何刑法规范中，均可以找到所需保护的法益。[①] 之后，日本学者在此基础上进一步阐述。他们认为所谓法益侵害是指违法性的实质是对法益的侵害或者威胁。不同的学者有不同的讲法，但大致的意思是一致的。平野龙一认为：“法是为了保护个人生活利益而存在的，因此，只有当发生了对法益的侵害或者威胁时法才可能进行干涉，干涉的目的是为了不再发生这样的侵害与威胁。”[②] 日本学者前田雅英指出：“刑法是为了更好地保护更大多数国民的利益而统治社会全体的手段，故国民的利益受到侵害是违法性的原点。因此，首先将违法行为定义为‘导致法益的侵害或危险的行为’。法益是指应当由刑法来保护的利益。”[③] 我国学者张明楷教授根据现行刑法的相关规定，认为犯罪的本质是指社会危害性，而社会危害性也就是法益侵害性。“我国没有人主张犯罪的本质是侵害权利或者违反义

① 丁后盾著：《刑法法益原理》，中国方正出版社2000年版，第16页。

② 李海东著：《日本刑事法学者（上）》，法律出版社、日本成文堂1995年版，第276页。

③ ［日］前田雅英著：《刑法总论讲义》，日本东京大学出版会1998年版，第53页。

务，而是一致肯定犯罪的本质属性是社会危害性，这便是侵害或者威胁法益。”[①] 他认为社会危害性就是指行为对法益的侵害或者威胁，犯罪是形式的违法性与实质的违法性的统一，对构成要件的解释必须以法益侵害与威胁为核心，法益不是犯罪构成要件的内容，而是犯罪概念的内容。之所以要用法益侵害说取代社会危害性的概念，是因为在我国刑法理论中，社会危害性是一个不言自明的概念，内涵并不明确，而且社会危害性和犯罪构成的关系如何，社会危害性与犯罪客体之间无实质差异，为何却要将犯罪客体作为构成要件等，这些都是我国刑法所不能解决的，之所以出现上述问题，其中一个重要原因是我们不明确刑法目的，没有将刑法目的贯穿于整个刑法理论。在目前的刑法体系下，必须用法益侵害取代社会危害性的概念，这也是重整犯罪构成理论的前提。他言简意赅地直接说道：“我的结论是，应当提倡法益侵害说。”[②]

以法益侵害说替代社会危害性理论的观点从刑法正义、刑法立场、刑法的机能及国家的任务等角度对法益进行深入的阐述。法律是否正义，取决于法律能够保护应当保护的利益，如果法律能够保护足以满足社会成员生存、发展所需的“利益”，而这种“利益”同时没有给其他人造成伤害，那么就可以认为该法律是正义的，而法益则可以充分地、准确地说明该利益。可以将其与道德相分离，不至于产生法律和道德相混淆的状况。道德不是正义的同义词，而法益是可以说明正义的。该论者认为，古往今来，没有人将道德视为正义的唯一标准或者作为基本的内涵。无论是古罗马法学家乌尔比安、亚里士多德、庞德、罗尔斯还是博登海默，这些学者都认为正义的概念里没有道德的内涵，如亚里士多德讲道：“正义分为分配的正义和平均的正义，分配正义主要是关注如何将权力、权利和责任合理分配至社会的各个成员。当一个分配正义的规范被某一个

① 张明楷著：《法益初论》，中国政法大学出版社 2003 年版，第 273 页。

② 张明楷著：《法益初论》，中国政法大学出版社 2003 年版，第 277 页。

社会成员违反时，平均主义也就开始发挥作用。平均主义一般是通过法院或者其他具有司法权力的机关来得以实现的，主要的适用范围是合同、侵权和犯罪等领域。在刑法领域，平均主义的正义表现在如何确定给罪犯何种刑罚的方面。”① 并且指出。道德不仅不能等同于正义，有时有些道德是非正义的。具体原因就是道德有滞后性的特点，有时候法律可以通过立法者的适时更新使其与社会的发展相适应，但是道德不会随着某些人的主观意识予以改变，道德的改变是一个缓慢的过程，这就决定了道德的滞后性。他讲道：“我国封建社会的历史很长，许多被人们奉为伦理道德的观念已经完全不符合当代社会发展的需要。例如，子女的婚嫁要求有父母之命、媒妁之言，这在中国的许多农村地区仍然被视为一种传统道德和伦理秩序，但是它与婚姻自由格格不入。所以现行刑法中规定了暴力妨害婚姻自由罪，这恰恰是道德不是正义的生动例证。”② 所以说，如果将道德作为正义的标准，便会造成一系列的混乱。如果将道德分为正义的道德和非正义的道德，正义的道德可以作为正义的标准，但是如何区分正义的道德和非正义的道德，在两者之间划定一个清晰的标准，实际上这是一个解决不了的问题。现阶段我国正在建设法治国家。这就要求以法治国，而非是以德治国或以德治国与以法治国相并用。制裁是刑法最重要的要素之一，但是刑法并不是为了制裁而制裁，而是为了保护法所需要保护的利益，是为了大多数人民的生活幸福。“刑法是使个人的利益和社会的利益一致的方法，这是刑法得以存在的理由，用刑法惩治人是为了防止犯罪，而不是因为我们憎恨犯罪人。”③ “社会团体之所以长久存在，是为了

---

① ［美］E. 梅登海默著：《法理学——法哲学及其方法》，邓正来译，华夏出版社 1987 年版，第 254 ~ 256 页。

② 张明楷著：《法益初论》，中国政法大学出版社 2003 年版，第 296 页。

③ ［英］罗素著：《西方哲学史》下卷，马德元译，商务印书馆 1976 年版，第 329 页。

其成员的利益，而不是对其进行惩罚。国家本身就应是这样的团体。”[①] 所以讲刑法是以法治国一项重要的内容，但是刑法是通过剥夺、限制人身自由权利来发挥其作用的。所以刑罚的消极功能和积极功能同样明显，刑罚正像一把双刃剑一样，如果不能很好地把握其规律，那么就会伤害到国家和个人，使国家的利益及个人的权利受到损害。这就要求刑罚的界限是内缩的，而不是扩张的，刑罚是国家维持国家秩序的最后的手段。能够不使用刑罚，用其他手段进行规制达到维持社会共同生活秩序时，务必放弃刑罚的手段。而作为犯罪本质的法益可以为上述目的实现提供概念上的支撑。刑法具有两大机能，法益保护机能和人权保障机能。保障机能，指刑法规范限制国家刑罚权的发动而保障个人自由的机能。这来源于规定以符合构成要件、违法、有责的行为，即犯罪为条件而加以法的效果即刑罚的旨趣。对国家来说，意味着只要犯罪不存在即不许发动刑罚权，从而限制了国家的刑罚权；在此意义上，可以说刑法首先是“善良国民的大宪章”，其次是“犯人的大宪章”。罪刑法定主义是强调上述刑法保障机能的。还应指出，作为“犯人大宪章”的刑法保障机能不仅在裁判中存在，在刑罚的执行中也存在。换言之，犯人不仅不受作为法律效果所规定的特定刑罚之外的刑罚的宣告，也保障其不受该特定刑罚之外的刑罚的执行。在这个意义上，也可以说刑法具有“受刑人的大宪章”的机能。[②] 保护法益机能，指刑法规范以犯罪为条件对之规定作为法的效果的刑罚，保护由于犯罪遭受侵害或威胁的价值或利益的机能。法律上所保护的价值或利益，称之为法益。在这个意义上，所有的犯罪规定都是以保护法益为目的，没有法益就没有犯罪。所以，保护机能，不外乎保护法益机能。例如，杀人罪的法益是人的生命，盗窃罪的法益是财产。刑法所保护的法益分为三类：生命、身体、自由、财产等个人的法

---

① ［英］柏克著：《法国革命论》，何兆武译，商务印书馆 1998 年版，第 184 页。

② ［日］木村龟二著：《刑法总论》增补版，日本有斐阁 1978 年版，第 86 页。

益，公共信用、公共安全、宗教感情、经济伦理、性道德等社会的法益及国家的存在、权威、拘禁作用、审判作用等国家的法益。什么被认为是保护的法益是由立法决定的。由于保护法益是法全体的机能，所以由刑法规定的法益不能说仅仅刑法规范有保护的机能。刑法规范是由成为其法的效果的刑罚这种特殊方法完成保护法益的机能的，具有在这个意义上固有的保护法益的机能。在这里存在刑法的一个重要机能。① 但是从外表来看，好像法益侵害说更有利于体现刑法的法益保护功能，而不利于自由保障机能的发挥，但是并非如此。法益侵害说中的法益是指刑法所保护的全部法益，是广义上的法益，而前面所讲的法益保护机能中的法益是指除行为人自由外的法益，是狭义的概念。法益侵害说将法益分为两方面：一方面是受行为人侵害的法所要保护的一般人的法益；另一方面是以行为人自由为内容的法益。刑法在惩罚那些侵害一般人法益的犯罪人，以保护法益免受个人侵害；同时还要限制国家刑罚权的恣意发动，从而保护行为人依法应享有的自由，那么这部分自由也是法益，强制自由保障的同时也是保护法益的。所以说，法益侵害既包括来自犯罪人的侵害，也包括来自国家刑罚权不正当适用的侵害。法益侵害说之所以将法益保护机能与自由保障机能分开说明，是因为虽然保护机能与保障机能都是为了避免法益受到损害，但是两者的来源不同，所以必须通过不同的途径来进行保护。保护机能是强调防止一般个人对他人的法益侵害，而保障机能则强调防止国家对行为人所造成的法益侵害。换句话说，保护机能是通过适用刑法体现的，而保障机能是通过限制刑法来体现的，只有分开说明，才能在司法实践中明确地发挥刑法的机能。但是保护机能与保障机能是存在冲突的，如果过多地强调保护机能，则会造成处罚范围的扩张，会限制公民的自由，从而不利于保障机能的发挥。而法益侵害说是普遍

---

① ［日］木村龟二著：《刑法总论》（增补版），日本有斐阁1978年版，第87～88页。

强调刑法的法益保护机能和自由保障机能。由于法律也保护犯罪人的正当利益，所以依据法益侵害说，一般公民违反法律规范，侵害了法益，而且司法人员违反作为裁判规范的刑法时，也侵害了法益。一般公民对法益的侵害和司法人员的恣意地对他人自由的侵害，都是法益，两者都具有犯罪的实质。所以说法益侵害说同时提示了一般公民犯罪和裁判人员对公民犯罪的实质，使法益保护和自由保护同时得到了兼顾，使预防犯罪和保障人权的矛盾得到了妥善地化解。正如有的学者讲的那样："为了实现抑止犯罪的目的而使用刑罚是国家的正当权利，但这并不意味着国家可以恣意地对公民进行惩罚。刑罚使受刑人产生各种痛苦，侵害了其权利，所以不允许行使与抑止犯罪目的方向不一致的刑罚。刑法不仅规定了刑罚，而且通过限定刑罚权发生的要件、样态来协调犯罪的抑止与人权的保障。"①

二、法益侵害说的反思

刑法目的和犯罪的本质关系密切，如果认为犯罪的本质是法益侵害，那么刑法的目的就是与法益侵害行为作斗争，通过对法益侵害行为的否定，以达到保护法益的目的。但是法益保护中的法益观，带有浓重的个人主观主义。这样必然带来一系列的问题。按照法益侵害说，对法益的侵害是必须加以惩罚的，这是所谓的危险犯问题。刑法中的危险犯，包括具体的危险犯和抽象危险犯。根据我国的现实状况，群体法益非常重要，抽象危险犯的概念就是保护群体法益（人民群众的利益）的工具。但是抽象危险犯概念是难以把握的，与法益侵害说有矛盾。正如意大利刑法学家安东里惹曾借用宾丁说过的故意不履行合同这种行为危害的程度肯定大于偷一个苹果或带一条无牙的狗在街上散步（等犯罪行为）来说明不可能

① ［日］町野朔著：《刑法总论讲义案 I》，日本信山社 1995 年版，第 22 页。

将法益侵害作为划分一般违法行为和犯罪行为的标准那样。[①] 法益侵害说有着非常多的不足，不足以说明犯罪的本质。

（一）法益的含义过于抽象，且含义模糊，不易于把握，同时对现实中的某些犯罪不能解释

法益的概念发展至今日，对于其具体的含义，不同的学者有不同的解读。正如有学者讲的那样："李斯特将法益定义为生命自身产生的人类的利益，但也未能说明，哪些利益应该受到刑法保护，哪些不能，可想而知，这是以人类的物质生活条件为依据的，尽管作出了种种的努力，但是我们迄今为止都没有很清楚地澄清法益的概念，只有当涉及身体、自由等个体利益时，法益这个概念才是明确的，但是如果将其扩展到普遍的法益，这个概念只表明了量刑时的基本思想。"[②] 还有论者将法益分为前实定的法益侵害和实定的法益侵害。法益概念本身是一个歧义颇多的概念，因此，法益侵害概念也必然是一个歧义颇多的概念。我们在使用法益侵害概念时也要对其加以明确界定，把它区分为前实定的法益侵害概念和实定的法益侵害概念、刑事政策的法益侵害概念和方法论的法益侵害概念或刑事立法上的法益侵害概念和刑事司法上的法益侵害概念……这种前实定的法益侵害概念与作为刑事立法标准的社会危害性概念所指涉的东西是相同的，它们的解释力也没有什么区别。[③] 如同该论者讲的那样，仍解决不了法益不能明确区分的问题。就我国现行刑法而言，对于抽象危险犯的处罚，很难说其侵犯了什么样的法益，法益说对这样的犯罪怎样进行法理上的解读，有非常大的难度，甚至可以说解释不了。周光权教授对此作了精辟的总结。刑法规定抽象危险犯，已经不是在保护通常意义上所说的法益，抽象危险犯连

① ［意］杜里奥·帕多瓦尼著：《意大利刑法学原理》，陈忠林译，法律出版社1998年版，第9页。

② ［德］冈特·施特拉腾韦特，洛塔尔·库伦著：《刑法总论（犯罪论）》，杨萌译，法律出版社2006年版第30页。

③ 韩永初：《犯罪本质论》，载《法制与社会发展》2004年第6期。

对法益的具体危险都不存在，而只是抽象威胁。抽象危险犯概念可能是难以把握的，它的存在与法益侵害说多少有些矛盾。在抽象危险的情况下，刑法实际上是在保护一种相当抽象的社会规范关系，而不是在保护法益。如果在抽象危险犯中，也认为有需要刑法保护的法益的话，实际上是将法益概念高度的抽象化和精神化。[①] 并且有关法益与法律规范的关系，有三种不同的法益观，即宪法性法益观、方法论法益观和现实论法益观。宪法性法益是由宪法明文规定的，而刑法中的法益是以宪法法益为前提的，其不可以超越宪法法益观的范围，实质是强调宪法原则对刑事立法者的限制，防止刑事立法者滥用权力。其提倡者讲道："刑罚作用的对象是个人自由，是具有头等意义的宪法性利益为基础，得出了犯罪本质在于侵害了宪法所维护的基本价值，维护宪法性利益是国家发动刑罚权的唯一理由的结论。"[②] 方法论法益概念强调刑法对利益的规范评价，没有刑法规范的承认，任何利益都不能称为法益，法益是刑法规范的目的，只有在规范的范围内才具有实际意义。休委格就此讲道："法益必须根据刑罚法规来确定，要知道什么样的财属于法益，就必须学习现行法，离开现行法就不可能理解法益。"[③] 现实论法益概念认为，法益是现实生活中存有的利益，存在于法律诞生之前，具有超法规的性质，而制定刑法规范的理由和刑法所追求的目标是保护法益。持该观点的学者讲道："不可能从现已存在的各种法定构成要件中发现法益概念，而必须从前实定的领域中去寻找法益的实质定义。"[④] 随着社会的不断发展，各种新型的犯罪也在不断地出现，各式各样无形的利益开始显现在刑法需要规范的视野之中，它们都应该得到保护，但是这些利益是不是刑法语境中的法益、是

---

① 周光权著：《犯罪论体系的改造》，中国法制出版社 2009 年版，第 153 页。

② 陈忠林著：《意大利刑法纲要》，中国人民大学出版社 1999 年版，第 73 页。

③ 张明楷著：《法益初论》，中国政法大学出版社 2003 年版，第 56 页。

④ 张明楷著：《法益初论》，中国政法大学出版社 2003 年版，第 121 页。

这种法益还是那种法益，侵害或者威胁这种利益达到何种程度才能运用刑法规范进行否定性评价是难以判定的。如果不考虑程度，对所有侵害法益的行为一律都界定为犯罪，刑法就会涉及人民生活的方方面面，这样做的后果必然是过多地限制公民的自由。例如，把对整个社会发展有促进作用的侵害或威胁法益的行为都作为犯罪予以规制，我们的社会生活可能会静止下来。因为这些行为当中有很多是我们的社会生活不可或缺的，如高科技作业、电力、高速交通工具、医疗设施、矿山的开采与科学实验等。针对以上的情况，有学者提出“允许的危险”概念。“所谓允许的危险，是指社会生活中所存在的某些行为，不可避免地伴随着有一定程度的侵害法益的危害，但由于该行为为社会发展所必需，所以该行为所具有的危险在法律上被允许的情况。”[①] 对“允许的危险理论”进行深入研究会发现，它所体现的是一种法益衡量观，是以行为时为中心，充分考虑危险之后而被正当化的，实际上是优先考虑社会发展的价值判断。即使对生命有一定危害，也要优先考虑社会发展，它其实是和“社会的相当性”可以置换的，具有相同的内涵。它的缺点同下述的超越社会相当性的法益侵害说是一样的。针对法益侵害说的种种弊端，有学者对传统的法益侵害说进行改良，提出超越社会相当性的法益侵害说，以补充其不足。“法律不能把所有的法益侵害都作为违法来禁止，而只能把超过一定程度法益侵害作为违法来禁止，即处于历史的形成的社会生活秩序范围内的形态（社会的相当行为），即使侵害了法益，也不违法。”[②] 但是何为超越社会相当性，其判断标准是什么，这只是提出了一个新的名词对法益侵害进行限定，还是没有真正解决判断标准不明确和实现操作量化的问题。“语言总是抽象的，特别是当面对像刑事立法上的法益侵害的内容

---

① 黎宏著：《日本刑法精义》，法律出版社 2008 年版，第 155 页。

② 李海东主编：《日本刑事法学者》（上），法律出版社、日本成文堂 1995 年版，第 357 页。

是什么这样的复杂问题时，我们试图通过发明一个概念使本来复杂的问题简单化是不可能的。”① 针对法益侵害说的弊端，我国台湾地区学者甘添贵指出：“现代社会生活日趋复杂，各种法益互为交叉、相互冲突的现象已在所难免，如何衡量法益的优劣或价值之高低，非常得困难。所以，对犯罪的判断，除将法益侵害后果作为评价对象之外，行为的种类、手段，以及行为人的主观目的、动机等意思，在社会生活上是否妥当的行为无价值问题，也应当考虑在内，才较为妥当。”②

（二）法益侵害说的适用不具有普遍性

法益侵害说对于普通的犯罪是可以提示出其本质，但是对另外一些犯罪进行实质解释时显示出了该说的苍白无力。例如，为什么我国刑法规定只处罚人，而不处罚动物或者其他现象呢？基于相同的理由，为何无责任能力人不负刑事责任呢？根据纯粹的法益侵害说，无责任能力者杀害他人，其行为侵害他人法益时就是一种危害结果，是一种结果无价值，但是，在各国的法律中一般认为他的行为不成立犯罪，法益侵害说不能予以解释。法益侵害说强调的是作为违法性本质的结果的无价值性，违法性的判断是以事后裁判时得以判明的所有客观的事实为基础，从科学的一般人出发来进行的判断。一般将行为所引起的客观结果本身作为研究对象。但是，抛开行为的意义去强调结果本身会产生一般民众不能适应法感情的后果，因为只有法律意义上的行为引起的结果才具有刑法上的意义。例如，作为他人的过失行为、故意行为、自然灾害等造成的他人死亡的结果，死亡结果本身对于上述现象来讲是一样的，不存在任何区别，法益侵害说解决不了。正如有学者指出：“在判断不法存在与否时，行为者的不同主观意思所引发的结果的发生这一侧面具有重要的意义，即应当考虑实现结果发生时的行为者的主观态度。易

① 韩永初：《犯罪本质论》，载《法制与社会发展》2004 年第 6 期。

② 甘添贵著：《刑法总论讲义》，台湾瑞兴公司 1992 年版，第 114 页。

言之，在判断某一行为的违法性程度时，不仅要考虑发生的结果本身，还应当考虑发生结果的方法、形式以及主观态度，这便是不法的行为性侧面。”① 日本刑法学者大塚仁也认为：“想仅仅用结果无价值来确定违法性的内容的结果无价值论，则过于拘泥于想把违法性的观念极力客观化的意图，有宽缓对事态的直率认识之嫌。例如，故意的杀人行为和过失的致死行为，从侵害被害人的生命这种结果无价值的观点来看，并无任何不同，但是，认为它们没有不同，就明确与我们的法感觉相矛盾。”② 所以法益侵害说片面强调客观表现，忽视行为的主观性要素，是不能贯彻的。另外，不作为犯的处罚根据是没有履行社会上的某种义务从而造成了法益侵害，但是，如果没有该义务，尽管有法益侵害的事实，也不能认为行为人犯了罪。那么行为主体的事实在法益侵害中的地位是怎样的，它是否可以被法益侵害产生的结果无价值消解，如果不能的话，就说明法益侵害说不具有理论上的整合性。在有些国家承认安乐死，而有些国家禁止安乐死，为什么会有这样大的差别？得承诺或者受到嘱托而杀人的依旧应承担责任，在我国被定性为故意杀人，其中的理由和根据是什么呢？运用法益侵害说难以说明前述问题。有青年学者针对各论中的具体犯罪在适用法益侵害说所遇到的矛盾提出了自己的疑问。其一，关于强奸罪，肯定是侵害了一定法益，但是，在不同国家的刑法中，对于强奸的处罚规定不一样。例如，在日本刑法中处罚较轻，而在我国刑法中较重，这个问题不能被认为是由于性的法益在日本没有，而在我国的价值大。性自由作为一种人身自由，很难衡量大小。笔者认为，在刑法中出现这样的差别，与性的社会观念有很大联系，特别是关于性的道德观念和社会风尚。这一点在我国和日本国民中存在差别。在我国，一方面对于女性性忠

---

① 郑泽善著：《刑法总论争议问题比较研究》，人民出版社 2008 年版，第 200 页。

② ［日］大塚仁著：《刑法概说》，冯军译，中国人民大学出版社 2003 年版，第 313 页。

贞的要求很高，而另一方面对于侵犯他人性自由的处罚比较严厉。而日本国民自“二战”以后，吸收了许多欧美的生活观念，学习了许多欧美的生活方式，对于性的道德和风尚比较欧美化，加之本国国民对性的认识本来比较独特，所以对性忠贞的要求比较宽容。其二，如果采用法益保护，也会在立法与司法中造成不必要的纠纷。关于受贿的定罪，在我国刑法中涉及两项罪名，但是由于没有考虑遵守规范的一致性要求，使得问题有时显得很荒唐，如商业足球的裁判活动中涉嫌受贿，那么构成什么罪呢？同样的行为，在刑法中构成的犯罪不同，难道是法益概念可以简单解决的吗？[①] 还有学者提出：“对交通规则有足够注意者驾车撞死他人的情形，从法益衡量的视野来看，具体的行为现实地导致他人生命死亡这种法益侵害结果的发生，行为人就应当受到刑法的处罚。但是从规范维持来讲，只要行为严格按照交通规则的要求谨慎地驾驶，即使发生了重大的法益侵害结果，由于行为并没有违反规范，行为也就不具有实质的违法性，对行为人也不能进行刑罚处罚。”[②] 从以上可以看出，法益侵害说侧重的结果无价值，在违法性的本质上，因为只注重于危害之结果，所以不能区别故意与过失、自然所造成的危害、无刑事责任能力人所造成的危害与犯罪人所造成的危害之间的界限，造成了理论上的矛盾，在司法运用中必然出现困惑。并且对于侵害法益相同的犯罪，为什么不同的国家会有不同的惩罚，也没有给出理想的答案。所以说并非任何侵害法益的行为都被刑法规定为犯罪，另外，刑法规定的犯罪并非是法益受到了侵害或者法益受到了侵害的危险，而只是违反了规范。很多犯罪要求有特定的行为方式，这就表现为不仅仅是结果来决定犯罪。法益侵害说是承认主观的违法性要素的，这也与其基本立场是矛盾的。

---

① 童德华：《犯罪本质的新诠释》，载《湖北警官学院学报》2005年第3期。

② 周光权著：《犯罪论体系的改造》，中国法制出版社2009年版，第157页。

（三）法益侵害说没有真正揭示犯罪的本质，必然导致刑罚目的实现的不全面

诚如法益侵害说所主张的那样，法益是法律所保护的利益，但是这个利益不是绝对的，它是相对的，只有在它受到特定人的侵害时才会被称为刑法所要现实保护的利益，但这是对人的保护，不是为了保护法益，而是期待侵害人不实施侵害行为，是期待不发生侵害利益现象的发生。例如，有学者讲到，如果在刑法学上承认法益的概念，要看到刑法作为对法益的保护意味着：一个人只有体现在其自身的利益之中，在现实地面临他人的攻击时才是受到保护的。刑法是在各种利益现实和特定的受到攻击时才会发挥制裁作用。法益不是围在利益周围的墙。法律是人的关系结构，刑法并不一般地保护抽象的利益。而所谓的法益是表现为所有权人要求尊重他的权利，换句话说，在刑法意义上，它是作为规范，作为有保证的期待来表现的。[①] 所以说刑法的目的是维护刑法在国民心目中的权威性，使大家不敢轻易地去违反刑法规范。法益侵害只是犯罪的表面现象，其实质上蕴涵着刑法规范的维护，使对刑法规范违反的行为得到刑法上的否定，以杜绝犯罪行为对刑法规范的再次破坏，才是其实质。

只有将对社会有危害性的行为准确地界定为犯罪，不扩大也不缩小犯罪的定义，才能真正使应受惩罚的犯罪行为受到处罚，使社会规范得到恢复和保护，同时又使人权保障机能得以实现。但是由于法益侵害说的种种缺陷，导致其无法揭示刑法目的的实质，造成了刑法处罚范围不当扩张和保护不及时的后果。在某些场合，由于法益侵害的坚持会带来司法过程中对一些行为犯罪化泛滥现象的发生，由于法益概念的无限定性，会使一些仅仅违反某些规章制度的行为，被评价为犯罪行为。例如，现实中一个真实案例直接显示了法益侵害说的弊端。无锡市甲医院系事业单位法人。被告人杨某

---

① 周光权著：《犯罪论体系的改造》，中国法制出版社2009年版，第155页。

（女）系该医院副院长，分管行政、财务工作，A 公司系尤某（杨某丈夫）出资设立的有限公司，B 公司系杨某和尤某夫妻出资设立的有限公司。2006 年 4 月至 2007 年 6 月间，杨某利用担任甲医院副院长、分管财务的职务便利，先后 4 次用 A 公司或 B 公司收到的未到期的银行承兑汇票支付药款给甲医院的供货单位，与此同时，将甲医院等额的公款合计人民币 700386 元通过转账的方式转入 A 公司和 B 公司。[①] 本案的争议焦点在于，被告人杨某作为事业单位甲医院分管财务工作的副院长，在征得医药供应商同意的情况下，将其丈夫所经营公司的未到期银行承兑汇票背书转让用于清偿本单位的药款，同时将本单位等额的银行转账支票出票给其丈夫所经营公司的行为，应该如何定性。如果认为犯罪的本质是法益侵害，那么就会认为被告人杨某的行为构成挪用公款罪。因为本案的款项是从甲医院的账上直接转到杨某丈夫所经营的公司账上，把甲医院的现有现金换成了其丈夫公司的未到期银行承兑汇票，而未到期银行承兑汇票与现金是有明显区别的，在使用和处分上不能像现金一样自由地用于购买物品、支付货款，也不能带来收益，如果要转化成即时可用的现金需贴现，杨某的行为实质上侵犯了医院的资金使用、处分、收益权，侵害了挪用公款犯罪的法益，直接导致其构成了挪用公款犯罪。如采取规范违反说，则杨某的行为是无罪的，因为杨某虽将本单位公款转入其丈夫的公司，但其同时将等额的银行承兑汇票转至财务，并作为药款支付给了甲医院的药品供应商，因银行承兑汇票是有保障的，故在这一过程中，并未给甲医院造成任何损失，药品供应商到期得到了兑付，也未有损失，其行为仅属于违反财务纪律的违规行为，并没有违反刑法规范，进而说明其社会危害性不大，不属于刑法制裁的范围。最终当地检察院撤回起诉，法院裁定准许，司法机关的处理是妥当的。从该案例可以看

① 中华人民共和国最高人民法院刑事审判第一、二、三、四、五庭主编：《刑事审判参考》总第 69 期，法律出版社 2009 年版，第 79 页。

出，如果采取法益侵害说，就会将原本是违纪的行为当做是违反刑法的行为，将该行为当作犯罪处理，扩大了刑法打击范围，不利于人权保障，使国民失去对刑法规范的认同感，不利于刑法法治目的的实现。

从另一个角度来讲，采取法益侵害说，还会出现刑法介入过迟，对社会保护不及时的情况。现代社会日新月异，发展速度日益加快，社会价值呈现了多元化现象。如果刑法不能对社会实施及时有效的规制，只在等到具有社会危害性的犯罪行为发生以后才予以制裁，那么其后果是灾难性的，哥本哈根会议的召开已经昭示了环境恶化的严重性，对环境的及时保护已是刻不容缓，需要刑法及时对该现象作出反应，今后将会加大对环境破坏型犯罪的打击力度。但是如用法益侵害说来惩罚环境犯罪，就会出现只有造成了环境破坏的恶果才能动用刑法，使刑法对该问题的打击不及时和苍白无力。对不能恢复和难以恢复的环境保护工作，乃至于整体人类生活的大环境，将会是一个不可挽回的大遗憾。而作为规范违反说，则可以对可能造成重大环境危害的行为予以规制，防患于未然，同时针对该类犯罪的一般预防效果会得到彰显，显示出刑法重要的、积极的社会意义。

三、规范违反与严重社会危害性的契合

通过上述分析，笔者发现犯罪就是对生活秩序侵害的行为，破坏了存在于社会中的刑法规则关系，使整体的社会规范关系陷入了现实和可能被破坏的危险。通过直接对隐藏于生活利益背后的法规范、社会的同一性及公众规范认同感的违反，侵害了法所保护的利益，最终体现了行为严重的社会危害性。换句话说，犯罪的本质还是严重的社会危害性，而其更具体地表现为对法规范的违反和对法所保护利益的侵害，其基础是二元的行为无价值。规范违反说、二元行为无价值论是对社会危险性理论所进行的进一步解读，是其理论上的充实。

（一）规范违反说的由来

规范违反说认为犯罪的实质是违反规范或违反法秩序。规范违反说的提倡者宾丁从规范违反的角度来把握犯罪的本质特征，他选择了一个非常窄的内存规范逻辑的出发点，顺着从特论到总论的思路提出了规范违反的概念，他以适法行为为规范的逻辑出发点，强调作为规范制定主体的国家的科学性，并以此作为刑法的前提。“称为规范或者法律条款者，只能是这种指引行为方向的条款，行为人的行为违反了一般意义上的实证法，犯罪只是具有可罚性的法律违反，而并非单纯地对刑罚法或者刑法的违反。”后来迈耶提出来了文化规范违反说，该说认为违法的实质和犯罪的本质在于与国家所承认的文化规范或者说是国家的社会伦理规范的不相容，它关注国家、社会的伦理规范，并将社会伦理规范作为支撑刑法的基石。他讲道：“违法性就是指那些违反国家所承认的文化规范的行为，因为规范是文化的自然产物，所以构成了规范的综合体，文化规范，是指社会为满足其利益而施用于行为的命令和禁止，具体表现为宗教规范、道德规范、地区道德、经济和社会意义上的交通规则、军事技术、农业、学术文化规范等，当然还有法律规范。”从上可以看出，迈耶将违法理解为对刑法文化规范的违反，所有规范都是为文化所涵盖的，所以文化规范的概念非常宽泛，一旦与社会脱离关系，它就显得空洞，法规范通过不法效果和文化规范发生联系。文化规范与利益是不相同的概念，有其独特的意义，但是如果人们放弃法律的本质，认为国家就是利益的共同体，使文化规范仅具有文化的内涵，法律规范仅属于法律，使法律与文化相分离，那么文化规范就会失去在刑法领域中存在的意义。雅科布斯教授认为，犯罪是在一个现实的国家团体秩序中对规范的否认、破坏以及攻击规范效力的行为，是行为人表达自身一个不被社会接受的意义设定，是行为人以极端的方式实现与社会的沟通。“犯罪行为无非就是一种需要排除的东西，因为犯罪行为扰乱了法律上保障其合法性的期待。”[①] 雅科布斯教授之所以会提出犯罪的本质是破坏规范，是因为他认为正是规范的存在，社会的存在才是真实的，整个社会的交往才变得可能，而犯罪正是破坏了这种可能，使得社会的交往出现了障碍。明显显示出其规范违反说的主张。他进一步讲道：“为了使社会不是仅存在于观念中，而是真实地存在的，就必须适用它的规范。这不意味着，每一种规范的违反都会将社会从现实中拉出而投入到纯粹的观念形态之中，更准确地说，一个规范即使被破坏了，也还是适用的。还有，规范的违反被理解为一项规范的违反，而不是被理解为某种不重要的事，这也从另一方面证明了规范的适用。总的来说，只要能够与规范相连接，并且，违反规范的行为是没有连接能力的，那么，规范就适用。换句话说，只要是规范而不是规范的违反建立了社会的组织，那么规范就适用。”[②] 犯罪正是破坏了社会交往中重要的规范，侵害了由规范直接维系着的集体情感，撕裂人们之间交往的纽带，从而导致规范共同体面临着被瓦解、分裂，甚至是崩溃的危险。在日本，小野清一郎提出犯罪就是违反道义的行为，其实也是规范违反说的另外一种说法，他认为法的立场与纯粹的道德立场仍然是不相同的，刑法只规制严重侵犯个人之间的伦理规范和国家不能放任的重大反道义的行为。他讲道：“侵犯国民共同体的道义的秩序是现实的行为，因而必须受到国法的批判。犯罪行为是刑事责任的现实的根据，应当重视客观化的行为整体的评价……行为是主观性与客观性的统一，毫无疑问，它不是单纯的物理过程，同时它也不是单纯的主观的心理活动，而只是实现于外部才成为刑法的评价对象。”[③] 团藤重光也讲道：“违

---

① ［德］雅科布斯著：《行为·责任·刑法——机能性描述》，冯军译，中国政法大学出版社1997年版，第8页。

② ［德］雅科布斯：《刑法保护什么：法益还是规范适用?》，王世洲译，载《比较法研究》2004年第1期。

③ 马克昌、莫洪宪主编：《近代西方刑法学说史》，中国人民公安大学出版社2008年版，第415页。

法性是违反整体的法秩序，从实质上说是违反作为法秩序基底的社会伦理规范或文化规范；社会的伦理规范——或文化规范一方面扎根于人性，另一方面又具有社会的相对性。”① 周光权教授也是规范违反说的积极倡导者，他认为：“犯罪是对隐藏于生活利益背后的法规范、社会同一性以及公众规范认同感的公然侵犯，而不仅仅是对法益本身的侵犯。”②“按照规范理论，犯罪就应该如此界定：实施某一行为，侵害他人权利，根据社会中存在的规范关联性，认为是造成了损害的行为。这样的犯罪概念，不是要否定法益的重要性，而是强调刑法只有在行为对法益的侵害或者威胁达到反规范的程度才能实施惩罚。”③ 由此可见，他认为犯罪是对社会整体秩序的破坏，这个破坏的主体不是一般意义上的，而是个别化后的行为，进而得出刑法的目的并非法益保护，而是对被破坏后的刑法规范的一种修复，使整体的秩序得以稳定。

（二）二元行为无价值论是规范违反说的题中之意

犯罪的本质是规范违反更能适应现时我国的现状已作了充分说明。一般来讲，规范违反说主张行为无价值，但是行为无价值又有两种不同的观点：一是一元的行为无价值；二是二元的行为无价值。如果认为犯罪的本质仅仅是违反了刑法规范，就是一元的行为无价值，但是该观点容易导致法律与伦理的混淆，不能明确地区分法律与伦理的界限，不能将全部的犯罪现象予以充分说明，因而是不可取的，所以合适的观点应该采二元的行为无价值。所谓犯罪应是指违反社会伦理的侵害法益的行为，在侵害法益的事实明确之后，再综合被侵害的利益与由侵害所保护利益的比较衡量，社会的伦理规范、行为的动机、目的，行为的手段、方法，行为的具体情

---

① 转引自李海东主编：《日本刑事法学者》，法律出版社（北京）、日本成文堂（东京）1995 年版，第 230 页。

② 周光权著：《刑法的向度》，中国政法大学出版社 2004 年版，第 202 页。

③ 周光权：《论刑法学中的规范违反说》，载《环球法律评论》2005 年第 2 期。

况等。正如有的学者讲的那样："行为是否违法，不能只考虑结果无价值，也不能只考虑行为无价值，而要将二者结合起来，综合考虑行为所造成的结果、行为方式和方法、行为人的身份、行为人在行为时的主观意思等，即既要考虑客观侵害，又要考虑行为人的主观心态，还有行为人的身份（义务），这样才能得出妥当结论。"①二元的行为无价值观点同我国通说强调犯罪的主客观相统一原则不谋而合，因而其更适合于我国的现实国情。二元的行为无价值不是结果无价值和行为无价值的简单相加，而是在一系列的基础理论之上将其有机地综合。"规范具有以法官为适用对象的裁判规范的一面和以行为人（国民）为适用对象的行为规范的一面。"② 行为无价值和结果无价值恰恰在这方面对法律性质的判断是不一致的，结果无价值论者认为刑法是裁判规范，而行为无价值论者认为刑法是行为规范。如果将刑法看做裁判规范，就会认为违法性的本质在于对法益的侵害，得出结果无价值的结论。"作为裁判规范，刑法规范为裁判者的裁判活动提供行为模式。"③ 将刑法视为裁判规范，因为司法人员受其制约，势必使司法人员不能够随随便便地判定出入罪，有利于保护人权。因为法益是客观的，其是否受到侵害或者受到威胁，对其所进行的判断完全客观，与责任的判断完全分开，这样的判断过程是符合人类从客观性之判断再到主观性之判断的认识规律，使司法人员对犯罪的认定杜绝个人的主观价值判断。另外，作为裁判规范的刑法规范，只能是对已然的犯罪进行裁判，是一种事后判断，而法益是否受到侵害或者威胁，也只能是在行为发生之后进行认定。所以，将违法性的本质视为法益侵害或者威胁，与刑法作为裁判规范所应具有的客观性及事后性判断的特点是相同的。如果将刑法看做行为规范，就会认为违法性的本质是对社会伦

---

① 黎宏：《行为无价值论批判》，载《中国法学》2006 年第 2 期。

② 黎宏著：《日本刑法精义》，法律出版社 2008 年版，第 122 页。

③ 黄明儒：《论刑法规范的性质与功能》，载《湘潭大学学报》2009 年第 2 期。

理规范的违反，从而得出行为无价值的结论。“首先，刑法规范是行为规范。毫无疑问，刑法规范能够规范国民的行为……公开的刑事法典能够告知人们什么是犯罪，犯罪应当处以何种刑罚，从而使人们了解法律允许人们做什么，禁止人们做什么。刑法的这种功能又被称为规制功能，它是刑法与生俱来的功能，是刑法内在的属性。”① 所谓行为规范，是指以刑事制裁作为支援或强迫性的手段命令或禁止性规范。命令或禁止规范是命令或禁止国民为或不为一定行为的义务规则。将规范的本质视为抽象地对人们赋予义务的命令，后果必是将行为的结果排除于违法性内容的判断，进而使规范对象不在其判断内容之中。刑法禁止、命令人们做或不做一定行为，目的是引导人们实施适法的行为。而只有当刑法上的这些命令和禁止符合社会上通行的观念和伦理道德时，该命令或禁止才能够被自觉、有效地遵守。因此在判断违法性时，行为人的行为目的、行为时的心情等主观因素是否符合社会上认可的观念是至关重要的。此外，作为行为规范的刑法规范，只能在行为时或行为前对行为是否违法进行判断，否则就起不到规范的作用。那么，判断的基准就不是法益，因为法益是否受到侵害或威胁只能在行为后才能知晓，是客观的。

一元的行为无价值论认为刑法是行为规范，结果无价值论认为刑法是裁判规范。两者都没能够全面把握问题的全部和实质，具有局限性。依照其中任何一方的观点，都不能准确地解释犯罪的本质，不能无一遗漏地对犯罪行为进行宏观上的理论解读。只有两者都予以考虑，才能准确地对犯罪行为做理论上的指导和总结，进而真正指导罪与非罪的界定，发挥犯罪本质功能。针对上述不足，有学者提出了二元的行为无价值论，如日本学者大塚仁认为：“在我看来，违法性的实质是违反国家、社会的伦理规范，给法益造成侵

---

① 陈家林：《论我国刑法学中的几对基础性概念》，载《中南大学学报》（社会科学版）2008 年第 2 期。

害或者威胁。”[①] 该观点只是认为违法性的本质应该考虑结果无价值和行为无价值，但是对行为规范和裁判规范的问题没有进一步深入探讨。对于此，日本另一学者木村光江指出：“事实是，只有进行责任非难并加以处罚时，国民才会以法院的判决来确定自己的行为准则。如果确立了‘某种行为虽然违法但绝对不处罚’的判例，那么对于国民的行为就不能起到制止的作用。我们说‘做这件事是好还是坏’时，这里的‘好坏’就与刑法解释论中责任论的领域有密切的联系。行为规范性并不是由‘事前让一般人知道违法’来进行担保。要使一般预防的效果更广泛，首先是条文的文言，然后更进一步是从以前的裁判的先例中推导出来的（规范）。”[②] 陈家林教授则更加清晰地讲道：“单纯地将刑法规范视为行为规范或者裁判规范都有不合理之处，刑法规范同时具有行为规范与裁判规范的性质，但以行为规范性为主。”[③] 所以，笔者认为，二元行为无价值论主张刑法既是行为规范也是裁判规范的观点是值得肯定的。那么在进行违法性判断时，必须对法益侵害或威胁以及行为是否违反社会伦理规范进行一体化的考虑。同时，行为规范和裁判规范是有先后顺序的，前者是第一位的，后者是第二位的。这是因为作为刑法评价对象的行为人首先是根据自己对刑法规范的理解来实施犯罪行为的，因而在对他们进行定罪量刑时，也应当首先考虑刑法规范对行为人所发挥的作用（行为规范功能）。并且在下文中所提出来的事实行为正是对应了刑法的行为规范功能，犯罪构成主要是对应针对裁判者的裁判功能。因此，刑法规范既是行为规范也是裁判规范，但首先是行为规范，其次才考虑裁判功能。

---

① ［日］大塚仁著：《刑法概说》，冯军译，中国人民大学出版社 2003 年版，第 303 页。

② ［日］木村光江：《结果无价值与行为无价值之对立构造的意义、机能及射程》，载《现代刑事法》1999 年第 3 期。

③ 陈家林：《论我国刑法学中的几对基础性概念》，载《中南大学学报》（社会科学版）2008 年第 2 期。

（三）规范违反说的具体运用

由于犯罪的本质是对规范的违反，具体来讲就是二元的行为无价值。那么对行为是否构成犯罪，从犯罪本质这一视角的判断分为两个步骤。第一，事实层面的判断（具体到犯罪论体系而言，就是下文中事实行为的判断）。也就是行为有关造成法益侵害或者引起危险的判断。对此认定，应采取客观的、事实的认定标准，即行为是否侵害或者威胁了法益，是以受保护法益的客观状态是否发生了变化为标准，在该阶段，法益的变化仅仅是表面的，没有经过法益的衡量。据此，少儿行为、正当防卫、紧急避险、职务行为等都应当视为是侵害法益的行为（事实行为）。但上述行为因为未考虑其主观、未经过法益衡量，是一种纯客观的评价，所以并不因此而被评价为具有社会危害性。第二，价值层面的评价（经过犯罪构成的评价），即行为在造成法益侵害的前提下对是否违反了社会伦理规范并对法益进行衡量。对行为是否违反了社会伦理规范，采取的是综合的、价值性的评价标准，这个评价应当是主观的、综合的，是否违反了社会伦理规范，只有对规范接受者能够理解命令的内容，可以根据它作出意志决定的人的行为，同时经过法益衡量之后，才最终判断行为是否具有严重的社会危害性，进而构成犯罪。那么，在第一次判断中的少儿行为、正当防卫等行为因为不能够理解命令的内容、经过法益衡量后无法益侵害等原因，最终得出其没有社会危害性，进而不构成犯罪的结论。

我国刑法理论通说认为："行为的社会危害性严重的，才构成犯罪。是否达到严重程度，需要考虑如下因素：（1）行为所侵犯的是什么样的社会关系。（2）行为的性质、方法、手段或其他有关情节。（3）行为是否造成危害结果、危害结果的大小或者是否可能造成严重危害结果。（4）行为人本身的情况。（5）行为人主观方面的情况。（6）情节是否严重、恶劣。（7）行为实施时的社会形势。”① 可见，我国刑法中的社会危害性包括了实质的违法性的全部内容。其中行为所侵犯的社会关系、行为是否造成危害结果、危害结果的大小体现了结果无价值所主张的法益侵害；行为的性质、方法、手段或者其他有关情节，行为人本身的情况及行为人主观方面的部分内容显示了行为无价值论者所主张的对社会伦理规范的违反。在我国刑法中，社会危害性是罪与非罪界定的重要依据，而社会危害性所包含的内容与违法性理论中的二元论几乎是吻合的。所以说，二元的行为无价值论就是对我国社会危害性理论的充实，是对犯罪本质的阐述。二元的行为无价值对罪与非罪界定的具体影响主要表现为以下三种情况：

第一，是仅有客观的法益侵害现象发生，而无对社会伦理规范违反的行为不是犯罪。在这里，此类行为是指使客观法益表面上发生了变化，受到了侵害，但没有经过法益衡量、对社会的伦理没有违反、没有对之进行价值性判断、有的甚至是社会伦理规范所保护的行为（对社会的伦理规范是否违反的判断包含法益衡量），不属于二元的行为无价值，没有实质的违法性，因而不构成犯罪。例如，正当防卫行为、紧急避险行为、法警依职权执行死刑命令的剥夺他人生命的行为等，这些行为在表面上看都发生了自然人死亡等法益受到侵害的现象，但经过法益衡量，是符合社会伦理规范要求的行为，因而不是犯罪。在现实中发生的一个真实案例，正是属于此类情况。1997 年 1 月上旬，王为某等人在被告人叶永某开设的饭店吃饭后未付钱。数天后，王为某等人路过叶的饭店时，叶向其催讨所欠饭款，王为某认为有损其声誉，于同月 20 日晚纠集郑国某等人到该店滋事，叶持刀反抗，王等人即逃离。次日晚 6 时许，王为某、郑国某纠集另外三人又到叶的饭店滋事，以言语相威胁，要叶请客了事，叶不从，王为某即从郑国某处取过东洋刀往叶的左臂及头部各砍一刀。叶拔出自备的尖刀还击，在店门口刺中王为某

① 参见马克昌主编：《犯罪通论》，武汉大学出版社 2003 年版，第 21 ~ 23 页。

胸部一刀后，冲出门外侧身将王抱住，两人互相扭打砍刺。在旁的郑国某见状即拿起旁边的一张方凳砸向叶的头部，叶转身还击一刀，刺中郑的胸部后又继续与王为某扭打，将王压在地上并夺下王手中的东洋刀。王为某和郑国某经送医院抢救无效死亡，被告人也多处受伤。经法医鉴定，王为某全身八处刀伤，左肺裂引起血气胸、失血性休克死亡，郑国某系锐器刺戳前胸致右肺贯穿伤、右心耳创裂，引起心包填塞、血气胸而死亡，叶永某全身多处伤，其损伤程度为轻伤。后浙江省台州市某法院认为被告人叶永某在分别遭到王为某持刀砍、郑国某用凳砸等不法暴力侵害时，持尖刀还击，刺死王、郑两人，其行为属正当防卫，不负刑事责任，判决叶永某无罪。[①] 在本案中，表面上已发生了王为某和郑国某等人死亡的现象，客观上造成了自然人生命死亡这种法益的侵害，但是由于类似王为某和郑国某等人的暴力犯罪在一些地方较为猖獗，严重危害公民的人身、财产安全，也严重破坏了社会的治安，对公民希望有平安快乐生活的社会秩序这种美好的社会伦理规范是一种违反，故为了鼓励人民群众同严重危及公民人身安全的暴力活动作斗争，弘扬正气，我国刑法规定正当防卫等制度，这是社会伦理道德在法律上的体现。故叶永某的行为是符合我国的社会伦理道德规范，是受法律保护的正当行为。法院最终判决其无罪是正确的。

第二，是无客观的法益侵害，而仅有社会伦理规范违反的行为不是犯罪。该类行为是指虽然发生了违反社会伦理规范，有的甚至是严重突破一般民众心理底线的行为，但是由于没有造成法益侵害的后果发生，根据二元的行为无价值论，没有实质的违法性，不具有严重的社会危害性，因而不构成犯罪。例如，甲男和乙女在公共场合当众性交的行为，其行为严重违反社会的伦理道德规范，是对正常社会风气的严重挑衅，一般人民群众对此类行为极端地反对。

---

① 最高人民法院刑事审判第一、二、三、四、五庭主编：《中国刑事审判指导案例（侵犯公民人身权利、民主权利罪）》，法律出版社 2009 年版，第 17 页。

但是由于没有造成法律上的法益侵害，故此类行为虽然具有一定的社会危害性，但没有实质的违法性，故其不构成犯罪。还有论者对此类情况作了阐述："我国刑法规定了伪证罪，该罪的成立要求行为人实施法定的作伪证的行为。行为人出于作伪证的故意，但其所作陈述事实上却与客观事实相一致，这类行为在司法实务中一般不作为犯罪处理，因为这类行为并无现实的社会危害性，不属于我国刑法中的伪证行为。从二元行为无价值的立场来看，这类行为违反了社会伦理规范，行为人具有陷害他人或包庇犯罪分子的目的，并且实际上也作了证言。但由于所作陈述实际上却恰好与客观事实相符，因此其行为不会妨害司法机关的正常活动，也没有侵犯公民的人身权利，缺少法益侵害，不具有实质的违法性，因而不构成犯罪。"① 该论者从二元的行为无价值论出发，对此类行为进行了深入细致的分析，得出该行为不构成犯罪的结论，是妥当的。

第三，是既有客观的法益侵害，又违反了社会伦理规范的行为才是犯罪。对于这类行为，需要认真细致地进行分析和把握，某些行为有客观的法益侵害，但是否违反了社会伦理规范不易把握，从而容易得出错误的结论，所以准确把握什么是客观的法益侵害、是否真正违反了社会伦理规范是正确运用该理论进行罪与非罪界定的关键。现举一真实案例对如何把握社会伦理规范进行说明。2007年5月25日11时许，被告人颜克某、廖红某、韩应某，在湖州市某村发现周家某有盗窃自行车的嫌疑，遂尾随追赶周家某至某码头，廖红某对周用拳头打，颜克某、韩应某分别手持石块、扳手击打周的头部等，致使周头皮裂创流血。周家某挣脱后，颜克某、廖红某、韩应某分头继续追赶周家某。周家某从停在该码头的A货船逃到B货船，廖红某随颜克某紧跟周家某追到B货船，两人将周围堵在B货船船尾，周家某被迫跳入河中。韩应某听到廖红某

---

① 胡东平：《法益与伦理：实质违法性的双重选择》，载《南昌大学学报》（人文社会科学版）2008年第39卷第3期。

喊小偷跳河了，随即也赶到 B 货船上。颜克某、廖红某、韩应某在船上看着周家某向前游了数米后又往回游，但因体力不支而逐渐沉入水中，颜克某、廖红某、韩应某均未对周家某实施任何救助行为，看着周家某在河中挣扎后沉入水中，直到看不见周家某的身影，三被告人才下了船离开。接警的公安人员将周家某打捞上来时，周家某已溺水死亡。后湖州市某区法院已不作为的故意杀人罪判处三人 3 年至 3 年 9 个月不等有期徒刑。[①] 在本案中，已发生周家某死亡的法益侵害的事实这一点没有争议，但犯罪人见死不救是违反了刑法意义上社会伦理规范存在着不同的观点，有观点认为被告人颜克某等人因发现被害人周家某偷窃自行车而殴打、追赶周家某，属见义勇为的行为，值得提倡，周家某系自己跳入水中，颜克某等人对周家某溺水死亡并无过错，没有实施加害行为，也没有必须对周家某救助的义务，其见死不救仅属于一般意义上的道德谴责范畴，不属于违反刑法意义上的社会伦理规范行为，根据二元的行为无价值论，其没有实质的违法性，不具有社会危害性，因而其行为不构成犯罪。但是该理由是经不起推敲的，虽然周偷窃自行车有过错，但颜克某等人对周实施的殴打、追赶行为不属正当、合法行为，由此行为而致周处于危险境地，负有法律上的救助义务，颜克某等人目睹周挣扎，并沉入水中，却不实施任何救助行为，其对周的死亡具有放任故意，其三人的行为已违反了刑法意义上的社会伦理道德规范，具体来讲就由于其先前行为，没有实施社会伦理道德规范所要求的救助义务，根据二元的行为无价值理论，发生了周死亡的法益侵害事实，三人的行为又违反了社会伦理道德规范，具有实质的违法性，是有社会危害性的行为，进而构成犯罪。

① 最高人民法院刑事审判第一、二、三、四、五庭主编：《中国刑事审判指导案例（侵犯公民人身权利、民主权利罪）》，法律出版社 2009 年版，第 164 ~ 165 页。

第三节　规范违反说的合理性

规范违反说的提倡，对人权保障的实现、与本书犯罪体系建构的对应具有理论、实践上的合理性，对于准确解决罪与非罪界定的疑难问题具有积极的意义。

一、经典作家犯罪本质的论述是规范违反说的理论来源

社会主义国家国体和政体一切来源的经典文献从基础上也阐述了犯罪的本质："犯罪——孤立的个人反对统治关系的斗争，和法一样，也不是随心所欲地产生的。相反地，犯罪和现行的统治都产生于相同的条件。"[①] 这段论述明确指出了犯罪的阶级实质及其产生的条件，阐明了犯罪与现行统治的关系，揭示了犯罪的本质属性。恩格斯还讲道："蔑视社会秩序的最明显最极端的表现就是犯罪。"[②] 这也是从犯罪的阶级意义上来论述犯罪的含义。由这些论断可以引申出犯罪实际上是对统治关系的危害，即维系犯罪人与国家刑罚权的中间纽带是统治关系，而非单纯的法益，所谓的法益只是这种统治关系的一种外在表现形式。因此，法益的背后还存在着法规范，而这种法规范就是社会伦理规范的法律化。所以说社会危害性，是指行为对刑法所保护的社会关系造成损害的特征。从该定义可以知道，法律规定的是刑法所保护的而为犯罪行为所损害的是"社会关系"，社会关系才是社会危害性的核心对象。这种社会关系其实就是人与人之间的一种关系，虽然其最终是由物质基础所决定的，但是并不能将这种物质基础仅仅由法益来取代，还需要其背后的规范进一步说明。所以说，犯罪所危害的不仅仅是单纯的物质利益，还有建立在物质基础之上的社会关系，这种社会关系的外在

---

① 《马克思恩格斯全集》第3卷，人民出版社1960年版，第379页。

② 《马克思恩格斯全集》第2卷，人民出版社1957年版，第416页。

价值就是要求人们遵守现存的社会关系，不仅自己要遵守，而且要对违反这种规范、侵害社会关系的行为进行谴责，这就是规范违反。因此，将规范违反说作为犯罪的本质社会危害性的进一步阐述，是根据经典著作得出的必然结论。

二、人权保障是规范违反说积极功能的具体体现

作为二元的行为无价值论，第一要考虑的是结果无价值（法益侵害），这其实已是将保障自由机能优先。刑法同时具有维持秩序和保障人权两大机能，但到底哪一机能优先，显现了国家整体的价值取向。国际上整体的大趋势是优先考虑保障人权，这种趋势直接影响到了我国刑法学者的机能观。有学者讲道："我国学者在我国刑法机能的问题上，基本上形成了以下共识，即我国刑法具有保护社会和保障人权两方面的机能；这两种机能之间处于冲突状态；在现行刑法之下，应当优先考虑人权保障机能。"① 从另一角度来讲，刑法同时具有裁判规范和行为规范的双重属性。其中"法益保护"是直接目的，而规范"特定行为"是手段。手段的提出还是为了目的的实现，所以当其发生冲突时，还是以目的为其最高适用标准，也就是保障人权的实现。在刑事与法过程中，因为现实社会存在许多违反社会伦理规范的行为，将行为无价值优先的话，那么刑法会广泛介入公民生活的各个方面，侵犯个人自由的案件将成为常态，而真正需要打击的犯罪行为由于司法资源的浪费不能够及时有效地得到规制，从而不利于一般预防和特殊预防。所以，在进行违法性判断时，首先应当考虑结果无价值，在确定行为侵害或威胁了法益后，再考虑行为无价值，即该侵害或威胁法益的行为是否违反了社会伦理规范，最后得出是否违法的结论。这其实也是在说，当人权保障和保护社会两者相冲突时，优先考虑人权保障。这

① 黎宏：《刑法的机能和我国刑法的任务》，载《现代法学》2003 年第 25 卷第 4 期。

也就凸显了二元行为无价值人权保障的机能。

三、二元的行为无价值论是对规范违反说泛道德化的有力反驳

有论者指出，规范违反说容易产生泛道德化的问题：“二元的行为无价值论混淆了刑法与道德的关系，主张将刑罚作为维持道德规范的重要手段。但现代社会存在多元化的道德伦理，刑法不宜轻易地进行干涉。”[①] 笔者认为，这说法针对一元的行为无价值论还可以，但二元的行为无价值论不存在上述缺点。因为二元的行为无价值不仅仅考虑了社会伦理规范，它是在法益侵害的基础上再考虑经过刑法化的社会伦理道德的，单纯的道德不会直接在刑法中予以运用，而是将其刑法化后，在第二阶段进行考虑的。“违法性的实质是违反社会伦理规范的法益侵害，因此，只要没有发生侵害法益的事态，就不违法，在弄清法益侵害的事实之后，如果认为该行为违反了社会伦理规范，就可以说其具备了实质违法性。”[②] 同时，作为规范违反的征表的法益侵害，在一定程度上也能实现犯罪判断的客观化。

本来严格区分刑法和道德，这本身是没有错的，但是过于极端的话就会造成错误，所以在司法过程中必须考虑伦理道德的因素。“结果无价值论的法益的内容也包括道德的要求……为了排斥道德而牺牲罪刑法定主义和一般预防要求的结果无价值论，无异于‘倒脏水将水和孩子一起倒掉’的学说。”[③] “二元的行为无价值论，就是将法益侵害视为违法判断的一个重要要素，但是刑法对法益的保护，必须限定在社会相当性的范围内，即历史地形成的、法律给予保护的伦理秩序范围，行为人的行为从中逸脱的，就具有违

---

① 陈家林著：《外国刑法通论》，中国人民公安大学出版社 2009 年版，第 272 页。

② ［日］大谷实著：《刑法总论》，黎宏译，法律出版社 2003 年版，第 177～178 页。

③ ［日］井田良著：《刑法总论的理论构造》，日本成文堂 2005 年版，第 8 页。

法性。换言之，侵害法益的行为与社会相当性的脱离乃是犯罪的本质。”① 可见，规范违反说不但不会造成泛道德主义，而且是司法过程中必须考虑的因素。

四、规范违反说是犯罪成立理论阶层化在犯罪本质方面的具体指导

对于犯罪成立的理论，境内外有许多的学者主张阶层性的考虑，认定犯罪的思维过程，必须具有层次性。从刑法本体论上讲，对犯罪体系做递进式思考，按照罗克辛的说法，有以下优点：（1）有助于检验个案。依照构成要件符合性、违法性和有责性三个层次检验犯罪，可以提高效率；（2）以区分阻却违法事由和区分阻却责任事由为例，可以避免对各种不同的紧急情况，用过多的条文去涵盖，不同的情况获得不同的处理；（3）对法官而言，因为有规则可循，适用法律更为简便；（4）可以促进法律规范的形成。② 虽然本书不赞同其所提的区分阻却违法事由和阻却责任事由的观点，但是其阶层性的思维方式笔者是赞同的。那么作为犯罪成立逻辑起点的犯罪本质也必然具有层次性的原理才符合人类认识论的客观规律。“对犯罪本质的描述和对犯罪认定过程的概括，都是在提示和生产一种真理。与犯罪成立有关的理论是刑法哲学从‘主体’过渡到‘惩罚合理性’的关键环节，讨论犯罪认定机制，我们才能解释犯罪本质、实存和惩罚的历史之间的关系，对作为形而上学的刑法哲学的‘统一本质’也才能看得更为清楚。”③ 从犯罪的本质来阐述犯罪，二元的行为无价值论将行为的定性分为两个步骤，第一是判断作为法益侵害的客观性内容，第二是检验作

---

① 周光权：《行为无价值论之提倡》，载《比较法研究》2003 年第 5 期。

② 周光权：《规范违反说的新展开》，载《北大法律评论》2003 年第 5 卷第 2 辑。

③ 周光权：《规范违反说的新展开》，载《北大法律评论》2003 年第 5 卷第 2 辑。

为社会伦理道德规范的综合性、价值性内容，与强调犯罪成立理论的层次性，恰好可以使规范和犯罪判断机制之间呈现出对应关系。[①]

① 但是需要说明的是，这种对应关系不是严丝合缝的，而仅仅是一种思维方式的类似，一种方法论上的相同。

第四章

罪与非罪界定的事实起点：事实行为

犯罪到底是什么，应受惩罚的是行为还是行为人，这是事实行为的理论前提。该问题在理论界一直有争论。刑事古典学派的哲学前提是意志自由论。该论认为人的意志是绝对自由的，人将要做什么，不做什么，是做有益于社会的事情还是做有害于社会的事情，自己可以自主决定，既然做了有害于社会的行为，那么他就要对自由的行为负道义上的责任。所以在这个意义上讲，受到惩罚的应该是行为，而不是行为人。而刑事近代学派则采行为人主义，它的哲学前提是行为决定论，每个人的意志是不自由的，它受外界环境以及每个人的成长环境、人格形成的影响，犯罪人如不相同，那么犯罪原因也就各不相同，所以说应受惩罚的是犯罪人，而不是行为。所以就有了行为主义与行为人主义的对抗。

第一节 事实行为的前提——行为

行为主义实质上是限制国家的刑罚权力，主张国家的刑罚权所应处罚的应是行为，而不是行为人。所以说隐藏在人们脑海中的纯粹思想，是不可能成为处罚对象的，即不能将行为作为思想的替代品而将思想进行刑事惩罚。古代刑法中，有以思想、信仰直接作为惩罚的对象的情形，即所谓“谪心论”。但我国的宪法已经明确保障人权，那么作为刑法评价的对象只能是行为，而不是思想。单纯的思想不会改变任何客观事物的面貌和性质，不会对我国刑法所保护的客体造成任何的伤害和威胁。从诉讼的角度来讲，也没有办法证明它的存在，有陷入肆意擅断的危险，将严重地侵害公民的人权，与宪法不符，所以不能将思想作为刑法处罚的对象。那么作为处罚的对象只能是行为，也就是说罪与非罪事实前的事实行为的理论基础只能是行为。

一、行为的学说

一直以来，行为论主张分为两个方向：第一，主要说明存在论的、事实性的行为概念的见解，如目的行为论、因果行为论、人格行为论等；第二，主要说明规范性的、价值性的行为概念的见解，如社会行为论。

（一）因果行为论

因果行为论认为，行为是基于人的“意思”而引起外界变动的人的身体动静或举止，着重于意思之因果原因性，也就是身体动静、举止、意思与结果形成的因果联结，所以称为因果行为。具体来讲，此说主张，行为必须具备有意性与有体性。前者是基于意思的内在要素——心素，如反射动作、睡眠等身体动作、完全无法抗拒的强制下的动作或者无意识的状态，这些都不是基于意思而欠缺有意性的身体活动，被排除于行为之外；而后者是指引起外界变动的身体动静的外在要素——体素，如人格本身、思想，因为欠缺有体性而不是行为，所以都要从刑法的评价范围内被排除。所谓“基于意思”，是指依意思而引起的身体动静就足矣，不再去探究内里的具体内容，具体意思的内容如目的等，是属于意思内容里的故意、过失，在德日刑法理论里是属于责任阶段的心理要素，是属于责任论的范畴。正如李斯特讲的那样：“任意导致的或者没有阻止的对外部世界的改变，其中‘任意’是导致肌肉紧张或者放松的心理活动。”[①] 对于作为与不作为的问题，有学者指出：“行为现在偶尔还是被定义为受意志支配的身体的行为，而以同样的方式对作为与不作为下了定义。”[②]

对于整个因果行为论，弗兰克反驳道：“如果伤害仅仅是由‘大脑皮层的运动，声波刺激，听觉刺激和大脑的运动过程’所组成，那么刑法就会失去自己的对象，并因为这一概念没有语言和社会意思。”[③] 贝林也认为：“它应该可以适用于所有的犯罪行为，但它只能以成为没有血肉的幽灵为代价，才能达到这个不能起到任何有意义的作用的目的。”[④] 对于因果行为论者关于作为与不作为的解释，陈子平教授认为：“因果行为论当中的自然主义行为论主张，行为是根据意思而引起外界变动的物理性动作或者身体动作。若依此见解，不作为势必无法纳入行为概念中。另有价值关系行为论主张，作为就是做某事，不作为并非自然的静止，而是不法做法所期待之某事。若依此见解，虽可解决自然主义行为论之不作为问题，但以法所期待之某事做说明，实已加入法的评价，而丧失行为论所主张具有独立性、先法性之行为概念。”[⑤] 他还认为：“无论如何，整个因果行为论所存在的问题，就是无法说明忘却犯之行为性，因为忘却犯并非基于意思所为之身体动静，欠缺有意性，而与因果行为论主张必须具有有意性与有体性之要件不符。例如，当电车通过时，由于平交道管理员打瞌睡而忘记放下栅栏，导致车祸而造成多人伤亡的事件，就不能够得到有效的解释。”[⑥]

的确，因果行为论涵盖了所有的以意志行为作为基础的身体状

---

① V. Liszt, Lehrbuch des deutschen Strafrechts, 10. Aufl. 1900, S, 102ff.

② Baumann/Weber/Mitsch, 13 Rn. 8 ff.

③ Radbruch, Zur Systematik der Verbrechenslehre, in: FS Frank, Bd, 1, 1930, S. 158 (161).

④ Beling, Die Lehre vom Verbrechen, 1906, S. 17.

⑤ 陈子平著：《刑法总论》，中国人民大学出版社 2009 年版，第 85 页。

⑥ 陈子平著：《刑法总论》，中国人民大学出版社 2009 年版，第 85 页。

态，所以不会阻碍在实践中将每一个刑法上的后果归于任何人的行为。行为在这里被分解为是外部的因果过程和行为人对行为结果的内心上的关系，一直都是作为古典犯罪系统的构成基础，在该系统中，所有客观因果的都被归于不法，所有主观的都被归为内心。但它丝毫没有涉及事件过程的可预见性和可避免性，还适用于将不受意志所支配的行为彻底从刑法中排除出去，但该概念没有对其进行社会评价的人类的生命表现进行实质性、内涵性的描述。

（二）目的行为论

韦尔策尔提出了与因果行为论截然不同的目的行为论，行为是对目的动作的实行，是一个目的角度上的而非仅仅是一个因果层面上的发生。行为的目的性，建立在两个方面的基点上：一是人对自己的动作在一定范围内有可能将要产生什么样的结果的这个人的可以预见性；二是给自己确定不同的目标，有计划地安排朝着所寻求的目标运作自己的举止的这个人的能力。他具体讲道："人的行为是受有目的的意志控制的，为实现某一目标而有目的地受操纵的事件。能够最清楚地表明行为结构的是所有细节都受到理性控制的意志行为，一开始是由欲望、追求和兴趣所表现出来的关于目标的想象，然后是为实现目标选择合适的方式，衡量可能出现的附属后果，最后是通过所选择的方式转换为行为的行为决定。"① 该论认为行为就是受目的所支配的身体动作，也就是为实现自己可以预见的结果所为的意识性、目的性的动作。行为就是目的性的活动，行为概念的核心是目的性，而所谓目的性的动作，就是指行为人为实现其预先所设定的目标而选择的具体手段，并且操纵手段，最终有目的性地达成目标的手段。目的性的具体内容的故意与过失，都包含在行为之中。据此，举止的目的性所说的意思就与从因果角度的观察方式上提出的任意性完全不同。如果一个举止可以追溯到任何一个意志行为之上，那么它就是任意的。与之相对应，在行为的问

① Welzel, S. 33 ff.

题上，上述因果说的主张者满足于行为人是依意志而实施了行为这一看法，至于行为人的行为愿望和目的，则是在责任层面上才予以考虑的事情。但与之相反，提出目的行为论的论者寻求从具体的、根据内容来确定的本质种类上去把握人的举止。目的论者还认为，自己在行为的本体论目的结构中发现了对于举止后果进行刑法上的归责的决定性的连接点。要注意的是，受理性控制的行为模式不是不重要，而只是不能机械地、公式化地进行套用。任何一种行为论都应该赞成作为对具体情况的个人回答的反应不同。这些受无意识支配的行为，毕竟还是受支配的，确切地说，是以同样可能有意识进行的方式受到了操纵。因此，也唯有将可能被纳入到刑法视野中的一切行为，都看做行为中的概念，才是可行的。另外，目的行为论还有另外一个重要优点，就是可以在那些不可控制的整个事件过程中的难以估量的多样性里找出在刑法上具有重要意义的人类行为，找出一个具体标准。可以进行刑事归结的事件过程，只能是受目的行为影响的可能的过程。但是鉴于目的性的明确性，它不能为所有的行为方式规定一个共同的基础。只有从众多不同的人类表现形式中才能抽象出其上位概念。

目的行为论虽能说明故意作为犯的行为性，但是它不能整合包括过失行为、不作为。例如，对于那些通常不符合目的控制的"理想形象"的行为就不能够很好地得到解释。在某些情况下，如情绪冲动和激动，限制了对整个局面的认识，行为是否被有意识地、预先设定地操纵，是值得怀疑的。"但行为肯定可以不经过事前故意、有意识的计划而得以实施。"① 不赞成目的行为论的人，还针对大多数目的行为论者提出的观点，如行为的法律制定之前就已经具有的目的性结构对于立法者而言存在制约力，故在法律的范围内不许可制定出偏离该结构的规定。"对于下意识的行为，如熟练的驾驶员无疑能够不进行有意识的控制而作出反应，就缺乏通常

① Platzgummer, Die Bewubtseinsrorm des Vorsatzes, 1964, S. 92 ff.

意义上的意志要素。”①

(三) 社会行为论

社会行为论在纯粹本体论的和规范性的观察方式之间起着直接协调解决问题的作用。对刑法上的行为，该说提出的定义是由人的意志所控制或者可以控制的社会影响重大的举止。具体来讲就是深入研究人的举止在社会的生活中有什么样的意义，该举止在社会的范畴内具有何种性质，它的核心就是社会性。该论有两种提法，其中一种最早是由施密特提出来的，其目的是将刑法上的行为理解为具有“功能与社会意义的统一”。② 他具体指出目的行为论不能将故意和过失有机地综合在一起，所以行为人的意思对于行为起不到决定性的作用，而主张将行为放在社会现象中加以考虑，他讲道：“所谓行为，就是有意惹起的在具有社会意义的社会生活中的身体动静。”③ 于是，行为的概念就包括有体性、恣意性、社会性三个要素。耶谢克则将其发展成为了包含各种行为概念的综合性，他是这样描述的：“刑法意义上的行为是具有社会意义的人的态度，是人通过实现支配的反应可能性，对已经认识到或者至少可以认识到的情况要求所作出的回答。”④ 但是，如果对行为这样理解的话，虽然可以包含所有可罚的表现形式，但却是以失去具体内容为代价的。这一表述提供的唯一的事实标准，是依供以支配的行为可能标准，也就是事件的可控制性标准。要确定其真正含义，必须要了解行为人的内部处境与外部处境。

恩吉斯则将行为表述为：“行为是人任意造成的客观上追求的结果。”⑤ 迈霍费尔认为：“所追求的行为产生了客观上可以预测的

---

① Schewe, S. . 34 ff.

② FS Engisch, S. 339ff.

③ ［日］藤木英雄等著：《现代刑法讲座》（第1卷），日本成文堂1980年版，第221页。

④ Jescheck/Weigend, S. 223.

⑤ FS Kohlrausch, S. 164.

社会结果。”① 他们就认为社会行为论应该满足的功能并不仅是为刑法上的所有行为提供一个最小的共同分母，社会行为概念与目的行为概念事实上并不存在矛盾，因为正如一眼即看出的那样，在可追求的范围之内，不仅有事实上已经被追求的，也有纯粹可以避免的事件的过程，不再考虑行为人是否干预，还是放弃干预。只是这个可追求性同样不是一个现实基础，而是一个上位的概念。

从上述学者的表述中可以看出，社会行为论是综合了因果行为论和目的行为论的见解，它是一个综合性的理论。虽然在该论的内部有不同的主张，但是有一点是共同的，即都是追求行为的法的、社会性的意义。那么是否成立行为，是依据人的举止，包括作为与不作为，故意行为与过失行为，只要惹起具有社会结果具有社会的重要意义，都可以称为行为。但如果行为不具有社会上的重要意义，不是社会规范所调整的举止，就不是刑法意义上的行为。举止作为行为概念的上位概念，涵盖了作为与不作为，与本体论的观察角度不同，在规范的观察方式中作为与不作为并非不可统一的对立，仅仅是由意志所承载的举止的不同表现形式。就社会上的重要意义是指任何一个举止，只要是涉及个人与世界的关系，根据它寻求或者并非举止人所意欲的在社会影响方面造成的后果，成为可以从价值的角度对它进行价值上的评价的对象的，都是社会上具有重要意义的举止。

社会行为论的优点有二。首先，犯罪本身就是一种社会现象，只有从社会意义上去衡量，才能很明晰地抓住其本质，从存在论的角度来讲，该论比起其他观点更具有科学性。其次，社会行为论综合了因果行为论与目的行为论的观点，从个人、因果、目的性与社会规范的观点去掌握行为概念，不仅需要承认其因果的实现的过程，同时还将其与社会价值联系起来，一方面驳斥所有人的举止都是出自自身的目的性，另一方面又肯定了在社会意义下的目的性，

---

① FS Eb. Schmidt, S. 182.

所以比较全面地阐述了行为的概念，它可以说明行为的各种形状。就结果而言，社会行为论包含了因果行为论和目的行为论的行为元素。如果说目的行为论者想从本体论的行为结构中推导出犯罪论上的强制性结论，那么，社会行为论者则是避免在这个方向上的任何前提的设定，社会行为论的优势就是可以把握各种形式表现出来的人的举止对于刑法上的重要含义，同时又不事先对与犯罪论上的强制性的结构有所设定。但是社会行为论也有它的缺点。一是虽然评价行为是从社会的角度进行，这也是它的可取之处，但最终评价行为的还是一种评价规范——法律，那么社会价值和国家的法律是否具有一致性，值得怀疑，如果社会价值与国家的法律相一致的话，那么其立论是正确的，但是如果两者发生冲突的时候怎么办，如何去判断，是一个难题。二是犯罪行为具有社会的重要性，如果不具有社会重要性，那么就不能称为犯罪行为，但是社会重要性的具体标准是什么，上述学者没有给出明确的答案。三是社会行为论者设立行为概念的目的，是从千千万万个社会现象中抽象出来的一个价值中立的刑法评价的对象，那么这个对象必定是价值中立的，但如果对其进行了社会性的判断，那么对其进行价值判断，与其设立行为概念的初衷不相符。

（四）人格行为论

人格行为论是日本学者发展起来的。该论以生物学和社会学为基础，主张行为是具有主体性人格的外在表现，具体来讲，所谓行为在某种程度上虽然受素质与环境的影响，但是在具体情况中，仍然可以依照自己的意志而进行社会意义上的举止。例如，该论的创立者团藤重光讲道：“在刑法上被考虑的行为，必须为行为者人格的主体的现实化，单纯的反向动作、绝对强制的动作，都不能成为刑法中的行为。不过主体的人格态度，不必仅限于以作为的形式表现，不作为的形式也能表现，而且，不一定仅限于故意，因为轻视规范的主体态度，基于过失，也被认为是行为。人的身体动作只有与其背后的行为人的主体的人格态度相结合，作为行为人的人格的主体现实化的场合，才能称之为行为。”罗克辛认为：“只有将行为具体化，将行为定义为人格的表现，才有实际内容，由此而推导出来的界限与可控制性标准得出的结果一致。”[①] 考夫曼则提出了“存在性或者人的行为理论”。他认为人与其他低级动物最本质和最显著的区别就是人具有人格属性，即精神的自我评价、自我意识而产生的自我处理事物的能力，所以只有反映人格的举动，才是行为。他讲道：“作为与不作为都是行为，在作为里，行为者利用自己身体的因果的产生，而在不作为中，行为者是利用自身以外存在的其他的因果过程。因此，作为与不作为都是利用自己之外存在的因果过程，在利用自己之外存在的因果过程这一点上具有共通性。所以他将因果过程的支配可能性作为人的行为的本质要素。所谓人的行为，是指由意思支配产生的因果的结果，是意思的现实性的形成。”[②] 根据以上学者的观点可以看出，该论认为行为是身体的动静，但其必须受到主体心理活动的影响，该心理活动不仅包含明确的意识，同时也包括无意识的作用，同时是心理学、精神学乃至于生理学的一个统一体。那么行为是人格与环境共同影响下的身体动静，作为形成人格基础的社会环境因素也是行为的基础。所以说行为具有生物学、社会学、人格方面的基础。

反驳该论的熊选国博士认为：“首先，人格行为论是以人格责任论为基础来建立的，如何确定人格的主体的现实化，极易与有责性混同，认定行为使人产生一种责任判断的误解；其次，根据人格行为论，精神病人的行动、幼儿的行动不能反映行为人的人格，但上述活动仍是刑法保安处分的对象，属于刑法评价的对象。”[③] 持有类似观点的我国台湾地区学者陈子平教授认为：“此说强调主体性之表现，唯主体性乃哲学用语，而行为则属于事实基础概念，以

---

① Roxin，AT I,8 Rn. 57 ff.

② ［日］大塚仁著：《犯罪论的基本问题》，日本有斐阁 1982 年版，第 37 页。

③ 熊选国著：《刑法中行为论》，人民法院出版社 1992 年版，第 22 页。

主体性定义行为概念，既不明确又复杂，况且人之举止当中，何者是具有主体人格之表现，何者非人格性之表现，亦非明确；再者，若主体性是指自由意思，则将会与第三阶段之有责性判断有所关联，恐导致行为概念中内含有责性之性质，故非妥当。”①

根据人格行为论，行为是人格的现实化、客观化，那么，反射行为、强制行为、精神病人行为、幼儿动作，均不是刑法意义上的行为。可是忘却行为、过失行为、不作为等均反映了人格，所以都是行为，鉴于此，就作为上述行为的界限机能和区分行为形态而言，它极具优势。上述学者对该论“极易与有责性混同”的反驳不能成立，近来，在德日法系占据优势地位的构成要件理论，其内容越来越实质化，构成要件中也包括了违法性与有责性的因素。如果将该论放在我国的犯罪构成的语境里，则更具有优势，因为我国对于犯罪行为的判断是综合性的，没有将行为与违法性、有责性分开。那么就行为论而言，该论的提出则呈现出日本的行为理论与我国的行为理论趋同的态势。

二、本书对行为的界定

我国对行为理论的研究不多，对于行为的种类，有学者分为犯罪行为、危害行为等层次。那么我国到底有多少种层次的行为？德日刑法中的行为理论到底是研究我国哪种层次的行为？具体要怎样合理借鉴该理论呢？上述疑问的解决需要对我国的刑法中行为的概念有一个梳理。

（一）我国目前理论界对行为层次的区分

熊选国博士将我国刑法中的行为进行了区分，他明确提出：“从行为含义的广狭分，有最广义的行为、广义的行为、狭义的行为。最广义的行为，包括犯罪与非犯罪行为，乃泛指人的一切行为，是否犯罪，按照行为当时的法律、法令、政策来认定，符合犯

① 陈子平著：《刑法总论》，中国人民大学出版社2009年版，第87页。

罪条件的，即为犯罪，否则，即为非犯罪；广义的行为，是指成立犯罪的行为；狭义的行为，专指广义的行为中与主观方面分开观察的客观行为，即犯罪客观方面的危害行为。”① 我们可以称之为“三行为说”。同时他认为德日刑法中的行为理论在西方大陆刑法体系中就是指他所区分的三种行为中的广义行为——犯罪行为。他讲道：“刑法中的行为按照不同的标准，可划分为若干种，但犯罪是刑法的主要内容，因此，作为犯罪实体和核心的犯罪行为，自然是刑法中行为很重要的部分，也是刑法研究的中心之一。但是，如何入手研究犯罪行为，西方大陆法系的刑法学者根据其价值观念，从各种不同的犯罪行为中，概括出共通意义的行为，并以此作为确定人的活动是否成为刑法评价对象的基本根据，成为刑法犯罪判断基础。为此他们致力于行为概念的研究，并由此演绎出各种不同的行为理论。”② 而刘霜博士则认为：“其一是我国刑事立法中的‘行为’应当划分为一般意义的行为、刑法中的行为、犯罪行为和‘危害行为’，四个层次的行为概念紧密联系，但分别在其特定范围内有特定的含义；其二是我国刑法理论认为大陆法系四大行为理论是对‘危害行为’的概念进行争论，并进而形成因果行为论、社会行为论、目的行为论、人格行为论等多种行为理论学说。这种说法有待进一步推敲。无论是因果行为论、目的行为论、社会行为论、还是人格责任论的观点，笔者认为都是围绕刑法中一般意义的行为概念展开争论的，是构成要件符合性判断之前的行为。一般意义的‘行为’是指行为人控制或应当控制的客观条件，作用于具体人或物的存在状态的过程。刑法中的行为，是具有刑法意义，应按刑法规定予以法律评价的行为。刑法中的行为既包括犯罪行为，也包括正当化行为等刑法所评价的行为。犯罪行为应当定性为行为人控制或者应该控制的客观条件，作用于刑法所保护的人或物的存

① 熊选国著：《刑法中行为论》，人民法院出版社 1992 年版，第 4 页。

② 熊选国著：《刑法中行为论》，人民法院出版社 1992 年版，第 9 页。

在状态的过程。‘危害行为’，其确切称谓应当是‘犯罪构成客观方面的行为要件’，实质是犯罪行为的客观性质。”[①] 我们可以称之为“四行为说”。她还对行为理论就是针对我国的危害行为而言的说法提出了反驳：“我国刑法理论认为大陆法系四大行为理论是对‘危害行为’的概念进行争论，并进而形成因果行为论、目的行为论、社会行为论、人格责任论等多种行为理论学说。这种说法有待进一步推敲。”同时她还提出了自己的观点：“无论是因果行为论、目的行为论、社会行为论、还是人格责任论的观点，笔者认为都是围绕刑法中一般意义的行为概念展开争论的，是构成要件符合性判断之前的行为。”[②] 还有学者认为行为论指的就是实行行为：“行为观念必须在关注行为事实存在的同时还要兼顾法律的规范性评价，实行行为观念之行为性的考察就是建立在行为论之上的。”[③]

（二）对目前行为理论区分的评价

我国行为理论由于层次缺失，导致刑法中一般意义的行为、犯罪行为、刑法中的行为以及犯罪构成客观方面的行为要件相互混淆，难以区分。“三行为说”在吸收前人研究成果的基础上，从概念、内涵、分类几个方面作了比较全面深入的论述，提出了最广义的行为、广义的行为、狭义的行为的观点，厘清了我国刑法理论对行为概念的混淆，具有突破性的意义；而“四行为说”在“三行为说”的基础上，对行为的层次进一步细化，将四个层次的行为概念紧密联系，分别在其特定范围内有特定的含义，较“三行为说”更进一步。

两者共同的缺点都是仅仅对传统理论进行简单的归纳，对其没有进行深入、细致的区分，没有明确的区分标准。并且这样区分的意义不是太大，仅仅解决了概念的混淆问题，如此区分具体要解决

---

① 刘霜：《对刑法中“危害行为”的反思》，载《河北法学》2009 年第 7 期。

② 刘霜：《对刑法中“危害行为”的反思》，载《河北法学》2009 年第 7 期。

③ 聂立泽、孙立海：《论刑法中的实行行为》，载《法商研究》2004 年第 4 期。

什么问题，没有交代清楚。“三行为说”认为大陆法系的行为理论对应我国的“危害行为”的说法，缩小了行为理论的内涵，是值得进一步推敲的。“三行为说”认为犯罪行为是指已经具备犯罪构成四个方面要件的行为，具有主观和客观的有机统一性，而危害行为又称为构成犯罪的事实或者构成要件的行为，排除了行为主体和行为人的主观罪过。但是作为其想借鉴的目的行为论、社会行为论的内容本身是考虑行为人的主观内容的。这样，危害行为本身不具有主观内容，与行为理论事实上考虑主观内容相互矛盾，不符合逻辑的发展规律，不能不认为是该说的一大瑕疵。“四行为说”认为大陆法系的行为理论是对应我国的所谓刑法中一般意义的行为概念展开争论的，是构成要件符合性判断之前的行为。这个说法则将行为理论所要说明的外延大大地扩张了。根据其定义的“一般意义的行为”的概念，无意识的行为也包含于其一般意义的行为，睡眠中的动作应属于无意识的动作，那么，将睡眠中的动作用行为理论来解决，就没有任何意义，因为行为理论主要是为了解决“犯罪行为”而提出来的，所以说“四行为说”不当扩大了行为理论的外延，将一些没有意义的事实放在行为理论去解决，是不妥当的。

至于有论者认为行为论应是指的实行行为，则更经不起推敲。按照该论，行为论只能解决实行行为问题。那么，预备行为怎么办？难道说行为只包括实行行为，而不包括预备行为吗？预备行为的行为性和犯罪性怎么去解释，这是该论永远不能解决的问题，显然该论也不妥当。

（三）结论

为了使犯罪论体系的严密，更加准确地借鉴西方大陆法系的行为理论，使之与我国的行为理论接轨，笔者认为我国刑法中的行为应分为四个层次：一般意义上的行为、事实行为、犯罪行为、危害行为。西方大陆法系中的行为理论对应我国的犯罪行为理论，学说应采人格行为论。例如，有学者就德日行为理论是研究何种行为指出："各种行为理论都是为了说明犯罪'行为'的性质与特征，而不是笼统说明刑法所规定的一切行为的性质与特征。"①

一般意义上的行为，是指我国刑法规定中所有的行为，包括行为时的法律、法令等不认为是犯罪的，适用于当时的法律规定的行为，也包括犯罪行为。事实行为则是指具有刑法意义的行为，是刑法规范予以调整的对象，不仅包括犯罪行为，还包括一些正当的行为。犯罪行为则是指行为理论所要说明的行为，是符合犯罪构成的行为，是指我国刑法所规定的犯罪行为："一切危害国家主权、领土完整和安全，分裂国家、颠覆人民民主专政的政权和推翻社会主义制度，破坏社会秩序与经济秩序，侵犯国有财产或劳动群众集体所有的财产，侵犯公民私人所有的财产，侵犯公民的人身权利、民主权利和其他权利，以及其他危害社会的行为，依照法律应当受刑罚处罚的，都是犯罪，但是情节显著轻微危害不大的，不认为是犯罪。"犯罪行为与事实行为的区分在于，前者经过犯罪构成四个方面要件的检测，符合犯罪构成四个方面的要件，因而是犯罪行为，而事实行为则是还没有经过犯罪构成检测的前构成要件的检测，没有经过实质性的评价，所以事实行为的外延是大于犯罪行为的。而危害行为则是指犯罪构成四个方面要件客观方面的要素之一，是犯罪构成的必要要件，相对于犯罪行为来讲，是整体与部分的关系。

综上所述，笔者的结论是，我国刑法中的行为可以分为四个层次，其中德日刑法中的人格行为论可在犯罪本质的基础上更加详细、深入地诠释我国的犯罪行为，进而从不同的角度对犯罪进行多方面的解读，使之更易掌握和理解。因此，我国的犯罪行为是指行为人人格主体的现实化，犯罪是一种身体动静，包括心理活动、故意和过失。犯罪不仅反映了其自身的反社会性，同时在认定犯罪的时候，在考虑其先天的性格的同时（主观恶性），还考虑其现实的

① 张明楷著：《外国刑法纲要》，清华大学出版社 2007 年版，第 61 页。

生活环境（形势）和其平常生活中的一贯表现，所以人格行为论在解读犯罪行为时，综合考虑了我国严重的社会危害性（即所谓德日刑法中的违法性和有责性），使一些在刑法条文中没有规定的犯罪构成要素（如社会形势等）在理论上得到解决，并且在司法实务中极具现实意义，保障整个犯罪论体系的严密。另外德日刑法学者对人格行为论“极易与有责性混同”的批判，恰恰说明该论在我国刑法语境中的生命力，因为我国的行为理论就是指犯罪行为理论，犯罪行为理论的判断就是一种综合性、实质性的判断。

三、行为的特征

上面已经讲到，行为理论是为了说明犯罪行为的，那么犯罪行为作为刑法调整的主要对象，在采人格行为论时，其具有与其他行为不一样的本质特征，犯罪行为就是指行为人人格主体的现实化，犯罪是一种身体动静，包括心理活动，那么其人格在犯罪中也得以体现。由此可以总结出，其具有有体性、人格性、危害性三个基本特征。

（一）有体性

犯罪行为首先表现为人的身体活动，是身体的动与静，也就是说包括积极活动与消极活动。所谓的动与静，不仅包括社会上一般人所认识到的大幅度的身体的动作，也包括眼神、言语等可以唆使他人犯罪的动作。积极活动是指身体的举动，消极活动是指不为某种应为的举动。活动是具有社会意义的行为人格意思的外在表现，那么思想等没有表现于客观外在精神活动，因为其不具有有体性，那么其也就不是行为，这样就把思想等排除于行为之外。但是有时候一个行为包括很多个动与静，如拿刀砍人的动作，有举刀、对准被砍部位、砍下等多个自然的动作。所以要注意刑法上的犯罪行为不仅不是个别的自然动作，也不是各个自然动作的简单相加，而是上述动作有机的结合。

（二）人格性

行为是作为“行为人人格主体的现实化”的“身体动静”，统一行为客观性和行为人主观性，统一行为与人格的关系。但其基础还是身体的动静，立足于客观的立场把握行为，具有客观的属性，但是同时也考虑到了人的人格性，人格是抽象的事物，而行为是具体的事物，具体的行为表现了一定的人格，这就决定了其具有生物学和社会性的基础，也就显示了其通过人格与环境相互作用下行为人的主体态度来体现。正如大塚仁教授讲的那样：“首先，关于主观方面，把自然行为论和社会行为论以前使用‘有意性’概念的内容略加改变后加以吸收。应当把‘有意性’理解为心理状态，即行为人的身体动静是行为人的主体性表现的。其次，在客观方面，在可能认识事实的范围上增加‘具有社会意义’这一限制要素。社会行为论也经常使用‘具有社会意义’这一表述，但由于把握该概念的方法不同，有时可能把行为理解为规范意义上的行为。但是，我认为行为观念的规范性被淡化后，一般人通过直接认识可以确认行为是否存在的判断仍然是事实的判断，人格的行为也可以限定在事实行为方面。通过增加这种‘具有社会意义’的限制，可以使不作为的行为性更加明确。既然不作为的存在是不可能通过自然的、物理的认识来认知的，那么就只能在理论上对不作为附加事实上的社会意义。通过附加这种限制就可以从行为范畴中排除完全不具有社会意义等行为人的纯粹个人的身体动静，也可以更好地发挥行为概念的界限机能。我主张把这种意义的人格行为作为刑法性判断的对象。”① 因为所谓人格性不仅包括其行为的反社会的属性（社会对其作出不适应于社会负面的评价）还包括了其反社会规范的人格态度，包括行为时反社会的人格态度，也包括形成这种人格过程过去的不严格要求自己适应社会规则的生活形成态度。另外，其生活的环境和先天遗传因素也会被

① ［日］大塚仁：《人格刑法学的构想》，载《政法论坛》2004 年第 3 期。

考虑。

（三）危害性

作为人格行为论最本质的特征就是指犯罪的本质——严重的社会危害性。前文已经讲到了严重的社会危害性与德日刑法违法性的接轨。但是具体怎么样去解释违法性，有行为无价值与结果无价值之争。

古典学派将犯罪分为纯客观的不法与纯主观的责任，那么违法只限于对行为引起的状态进行评价，可是违法性不仅仅是对犯罪结果的否定评价，同时还关系到手段和犯罪方法等。所以韦尔策尔说："法益侵害和威胁就是犯罪的本质部分，但仅仅用法益是不能够完整说明违法性的，法益侵害仅仅是违法内涵中的一部分，结果无价值只有放在行为无价值的基础上，才具有刑法学上的意义。"从其上述表述来看，其违法性（严重的社会危害性）是同时包括结果无价值与行为无价值的。如果仔细斟酌其观点，会发现其结果无价值是以行为无价值为基础的，但是这一点是不能被接受的，如果离开结果无价值来探讨违法性是不可能的。应该是结果无价值是行为无价值的前提，在这一前提下再同时考虑两者是合适的。如果行为不具有严重的社会危害性，不考虑结果无价值与行为无价值，那么只能被排除于犯罪行为之外。

由于精神病人、幼儿的行为是不能反映行为人的人格的，所以其不是犯罪行为，但因为其属于刑法评价的对象（保安处分），所以还是需要纳入到刑法的调整范围，而人格行为论对这些现象又解释不了，那么其就只能属于上述行为分类中的事实行为，因为事实行为也是受刑法调整的，这也是事实行为在存在论的角度存在的理由之一。

第二节　行为主义的必然——事实行为

一、事实行为的界定

事实行为与法的价值判断是隔离的，它是一种纯粹形式的、价值中立的、无色无味的、记述性的一种前符合犯罪构成的行为，说到底，它是一个指导形象，行为是否符合犯罪构成（四个方面要件）的一个事实前提。如果把规范分为事实规范和法律规范的话，那么事实行为就是对事实规范的违反，而行为符合犯罪构成则是对法律规范的违反。所以，一个行为只有确定为事实行为以后，才会进入到犯罪构成的判断。判断事实行为时对主观方面、主体、客体、客观方面不作考虑，对于社会危害性不作考虑，对于德日刑法中所谓的违法性和有责性不作考虑，它仅仅是表面上、形式上符合法律的规定，对于犯罪的实质没有判断，如正当防卫行为，就是事实行为。但有一个前提就是它必须是人的行为。事实行为有一个依据，那就是法律条文，但是在此，法律条文仅仅提供一个形象上的指导作用（法律条文另外一个重要作用就是对犯罪构成提供实质上的指导作用）。

（一）规范意义上的事实行为

如果把一个刑法条款分为三个部分：大前提、小前提、制裁，如我国刑法规定："抢夺公私财物，数额较大的，处……"在对抢夺罪的评价中，刑法规定构成了大的前提，犯罪人的抢夺行为是小前提，刑罚惩罚则为结论。犯罪人之所以受到制裁，是因为犯罪人实施了法律条文所规定的抢夺行为。其根据不仅是其违反了刑法，从另外一个角度来讲，他应该实施刑法规定的第一部分所命令的符合规范的行为，但是他却违反了该命令，所以就对其进行惩罚。这就可以看出，刑法首先是要求行为人实施符合法律的行为，而这种行为的标准就在第一部分的命令之中，也就是本书所称的事实行为，是一种指引行为方向的载体，所以讲行为人首先是对事实行为的违反，然后才是对犯罪构成的违反。换句话说，行为首先符合事实行为，然后再符合犯罪构成的标准，经过犯罪构成的检测后，就能确定其为犯罪。

事实规范（事实行为）是法律规范（犯罪构成）的前提，法律不仅从形式上规定了事实行为，也从实质上规定了犯罪构成。事实规范的外延是大于法律规范的，有时事实规范是处于法律规范之外的，那么事实规范就具有独立的意义，从存在论的角度来讲，事实规范独立地判定一个行为的事实性，但是其犯罪性必须通过法律规范的最终检测才能予以确立。鉴于事实规范与法律规范的不对称性，认定犯罪必须将两者都予以考虑。事实规范是一种指令（命令与禁止），它并不依赖于刑罚而存在。事实规范（事实行为）具有宾丁所讲的“规范”的性质，他讲道：“犯罪所违反的行为指令就是这样一种法律上的禁止或者命令，并未指示出行为的任何法律后果，本质上，我们是通过刑法条款的第一部分表明了指令，并进而发现了命令：不得实施此类行为，这种法律指令，就是我所谓的规范。规范的定义就是纯粹的、无意的、特别是无意进行刑罚威慑的指令。”[①] 从上述可以总结出，事实行为只是对行为的禁止或者命令，不需要考虑行为实质意义上的故意和过失，从一开始就促使有行为能力的人放弃其对规范违反的行为，但是不包括故意或者过失地违反规范行为。作为事实规范的事实行为和体现法律规定的犯罪构成是有区别的，事实行为是属于指导人们命令和禁止的指导模式，但犯罪构成则是法律工作者在判定一个行为是否构成犯罪的实质标准。

就规范违反本身而言，有学者提出不同意见，迈尔指出：“适用不成文法或者刑法外的规范是不能够脱离刑法规范的，该规范的

---

① 转引马克昌主编，莫洪宪副主编：《近代西方刑法学说史》，中国人民大学出版社 2008 年版，第 256 页。

科学性、合理性都须进一步考察，不能越俎代庖，以一般规范代替刑法规范。”① 还有学者指出：“在刑法指令之前，如果存在着逻辑上的这样一种规范，那么成文法就显得无足轻重，颠倒了观念和现实。”②

上述学者的批评可以总结为事实规范和法律规范脱离和忽视了对成文法的重视。但是其批评是不成立的，因为事实规范提出的根据就是法律规范，事实规范（事实行为）作为一个外在的指导形象，它的依据就是法律，判断一个行为是否构成犯罪，首先肯定其是事实行为，然后再判断其是符合犯罪构成的行为，这样从逻辑上就使两者纳入到一个体系，并且最终还是需要法律对其进行实质判断。法律（法律规范或者依据法律的犯罪构成）还是起到最终的重要作用。

（二）指导形象意义上的事实行为

事实行为是犯罪的指导形象，它不是犯罪构成的组成部分，是一种观念形象，只是帮助理解、规定性的一个概念，在逻辑上是先于犯罪构成的。犯罪构成是需要综合考虑客观和主观的内容，但是事实行为仅仅是客观方面的东西，对刑法意义上的主观内容不作涉及，如故意杀人和过失致人死亡，它们是不同的犯罪构成，但是就事实行为而言，它们具有共同的外在特征——致人死亡，刑法意义上的主观特征不一样（与自然法意义上的主观特征有区别）。所以说，它是客观的、外在的、能够部分说明犯罪构成特征的行为。它的客观性注定了其作为指导形象的性质，事实行为中不能存在的刑法意义主观方面的要素，否则，就在方法论上陷入矛盾的泥潭。一个具体的事实行为作为指导形象，它肯定有一个不同于其他事实行为的特征，具体表现为定型性，如夺取他人财物的定型，杀人的定

① ［德］迈尔著：《德国刑法总论》，1923 年版，177 页。

② ［德］威斯特法伦著：《卡尔·宾丁——一个刑法学者的生平》，1989 年版，第 55～56 页。

型等。但这并不是说事实行为与犯罪构成行为是一样的，二者有明显的不同，事实行为不是犯罪构成的组成部分，它是犯罪构成的指导形象，是有规律性的东西，逻辑上是先于犯罪构成的。如果在事实行为阶段，赋予其刑法意义上的主观要素，那么心理因素在这个前期阶段就会成为认定事实行为的依据，事实行为的客观性也就不复存在。主观方面的内容虽然是犯罪构成的组成部分，但它不是从一系列行为当中提炼出来的指导形象的要素，不是事实行为的要素。例如，以非法占有为目的，对盗窃罪的犯罪构成来讲是典型的，但是其仅存在于“取得他人财产”的背后，它是盗窃罪犯罪构成的主观方面的要素。如果在事实行为阶段考虑主观内容是不合理的，根本不能再充当主观方面和客观方面的共同指导形象。事实行为与犯罪构成的关系非常密切，一般来讲，事实行为可能推断出行为符合犯罪构成，经过犯罪构成判定以后被排除的除外。就本书而言，事实行为被证实为刑法根源概念，其他刑法概念都是发源于这一概念，如果没有它，其他概念就不能得出最终有效的、确定的刑法意义上的结论，因为如果没有先期的指导形象，那么下面行为的具体判定过程是不可能的。

（三）事实行为的内涵

从上述的论述可以得出，事实行为如果要将位于犯罪构成之前、在刑法上有意义的动作统领于事实行为概念之下，必须将事实行为赋予其丰富、准确的内容，才能发挥事实行为所应起的作用。

事实行为应是基于行为人的意欲而引起客观外在世界发生变化的人的身体动静。可以肯定“意欲”与“客观世界发生变化”有因果关系，那么事实行为必须有意欲性和有形性。意欲性是指行为的心理上的内在因素，那么睡眠中的动作、反射动作、大自然中电闪雷鸣等造成客观世界变化的状态，因为缺乏人的内在心素、意欲而不能被称为事实行为。需要说明的是这里的“意欲”是指依意思只要引起外在世界的变化就可以了，不去探索意欲的具体内容，因为意欲的具体内容是放在犯罪构成中的主观方面去考虑的。有形性是指因为人的身体动静而引起的外在客观世界变化，那么思想等是缺乏这些东西的，所以思想也不是事实行为，在犯罪构成判断的前一阶段就可以将思想排除于刑法评价的范围之外。在考虑事实行为时，不能将其视做是基于行为人的意思而引起客观世界的物理性动作，如果这样理解，那么不作为就不能纳入到事实行为之中。正确的理解是作为是做某事，不作为就是不做法所期待的某事，而不是简单的自然静止，并且这里的“法”是一种事实规范，而不是法律规范。这样的话，作为和不作为就可以总结为“身体的动与静”。

二、事实行为的特征

（一）事实行为的定型性

事实行为的定型性主要是指事实行为只能是法律规定的行为，是罪刑法定在事实行为阶段的体现。不同于因为事实行为本质上是刑法规定的要素，它的依据还是法律规定，只不过是在该阶段不考虑主观内容而已，所以说当然依存于刑法的规定，具有刑法规定的特征。作为事实行为的内容，事实行为具有定型性，可以作为一般人行为的指导规范，当然也是司法工作人员进行判定的一个事实标准，具有批示作用。以抢夺罪为例，抢夺概念的第一要素不是抢夺，而是夺取他人财物的行为。换句话讲，抢夺犯罪的第一要素不是犯罪构成，而是事实行为。那么事实行为中的各要素都具有规范的性质。尽管事实行为内的要素只是法律评价的对象，本身没有太多的法律规范性，但是与法律条款中所有概念一样，所有的事实行为要素，如枪支、财物、毒品、公文在法律条文中意味着什么，并不是只有武器专家、生物学家才能解答的，司法工作人员必须要考虑，这些要素在法律规定中应怎样去把握，所以讲事实行为中的事物，也不是纯粹意义上的事物，而是具有法律规范意义上的概念，这些事物来源于客观世界，但是并不拘泥于一般理解，法律规范也是它的依据之一，也是一种观念指导形象。

从另外一个角度来讲，事实行为只有根据法定的犯罪构成，才能显现出其自身是哪个犯罪的事实行为。某一个事实行为是某一个犯罪构成的行为方式，但也可能它同时是另外一种犯罪构成的行为方式，但对另外一个犯罪而言，它对犯罪构成的影响不同。例如，致使他人死亡对故意杀人和故意伤害致死而言，都是事实行为。但是对于故意杀人而言，该行为方式是故意杀人罪主观和客观共同的指导形象，但对于故意伤害而言，客观方面和主观方面共同的指导形象是伤害行为，致人死亡的结果只是其客观方面的一个辅助性的要素。同样的指导形象，同样的事实行为有时也会指向不同的犯罪构成。在犯罪构成阶段作出区分的话，事实行为在这里是指向犯罪构成的故意，在那里则是针对犯罪构成的过失。即使在些阶段仍然不能够区分，那么具体的犯罪构成也能将事实行为指向不同的犯罪。具体表现为犯罪构成的客观补充，或者是表现为故意或过失的主观补充。由此可以得出事实行为的重要性，如果没有这些事实行为，那么根据本书的思考方式而言，就不可能准确地将各类指导形象总结并进行区分，但上述的总结和区分只有联系到具体刑法分则条文才具有刑法上的意义，在刑法分则阶段，不断发展的社会现实需要立法者对分则条文予以更新，反过来再影响、提取事实行为，而法官的工作就是根据分则（犯罪构成）准确地理解、运用事实行为。事实行为需要法定的犯罪构成进行指导，因为如果没有独立的、法定的犯罪构成，那么事实行为在刑法上的思考将没有任何意义。同时对于具体犯罪的犯罪形态而言，不考虑定期行为也是不可想象的。犯罪形态也有自己的指导形象，帮助犯的形象是对犯罪行为提供帮助，未遂犯的形象是实行行为的开始，教唆犯的形象是唆使他人犯罪，无论是在单独的犯罪构成还是所有的犯罪构成中，决定犯罪的还是该指导形象——犯罪构成。但是这些指导形象是不独立的，如犯罪形态也是一种指导形象，它们本身内容也是空洞的，只有与法定的犯罪构成结合起来才有刑法上的意义。帮助、唆使、着手只有结合具体的犯罪构成，如杀害他人、夺取他人财物才能够确定。那么犯罪形态也与事实行为有联系，事实行为对犯罪形态有规范和指引的作用，但它对犯罪形态没有强求。所以说事实行为只有进一步考虑其是否符合法定的犯罪构成，才能最终确定是否为犯罪行为。

（二）事实行为的形式性

事实行为的形式性是指事实行为只是无价值的行为，没有任何实质性的内容在里面。就刑法规制对象而言，它的内容是空洞的，不能确定自己的具体内容，是一个功能性的概念，所以说它本身的内容是不存在的。但是如果同犯罪构成结合起来的话，那么它的内容则有千百个，这些内容是根据法律规定的犯罪构成推导出来的。所以不存在自身内容充足的事实行为，事实行为在内容上是相对的。每一个事实行为只有针对它所对应的犯罪构成才有刑法意义。例如，“杀死某人”这一事实行为只有针对故意杀人、故意伤害（致死）犯罪构成才能称为事实行为，但是针对贪污犯罪的犯罪构成，它就不能称为事实行为。

事实行为的主观认识是来源于客观方面的，事实行为赋予某行为以某种特征，那么事实行为也就有了相对的内容，但是事实行为需要通过行为来表现出来，如果将两者相互独立，那么事实行为就会失去其客观存在的理由，所以讲事实行为更多的是一种行为特征，不是与其相对应的行为本身。例如，杀人，如果脱离人这一要素，那么致人死亡的原因就是另外一些东西，如雷击、洪水等，但这些东西在刑法上是不被惩罚的。所以事实行为发挥着对可罚行为进行甄别的功能。如果把内在要素从主观方面纳入到事实行为之中，在方法论上也是行不通的。因为有实质性内容的事实行为不能发挥客观方面和主观方面共同的指导形象作用。如果这样，那么故意就会在行为的客观方面出现，犯罪范围就会被扩大。本身事实行为已经有一个一般意义上的主观内容，那么本来应该在犯罪构成才出现的具体的主观内容提前出现的话，方法论的明确性就会受到质疑。但是传统理由对只是形式性地勾勒出刑法规定的客观方面，仅仅是法律的规定，还没有完成对行为法律的、实质的评价。因此，所有的事实行为都是单纯地记述，不包含社会危害性、主观性的评价。

（三）事实行为的违“法”性

这里事实行为的违“法”，不仅仅是指违反刑法规范，更主要的是违反自然法，详言之，就是事实行为首先违反了人类最基本的、为实现人类良好愿望而在每个人内心中的一个规范，这个规范就是所谓的自然法，在违反自然法的基础上，同时还要形式上违反刑法规范，只有同时违反了上述两个“法”，才可以称为事实行为违反了法。例如，通奸行为肯定是违反了自然法，但是其没有形式上违反刑法规范，刑法就没有禁止通奸，所以通奸行为不是事实行为。而强奸行为首先违反了人类最基本的自然法规范，同时形式上也违反了刑法规范，那么强奸行为就是事实行为，肯定其为事实行为后，再经过犯罪构成四个方面要件的检测，如果可以肯定该行为是四个方面要件的有机结合，那么最终就可以将其评价为强奸犯罪。如果出现了例外的情况，则是另外的结论：一个强奸的事实行为得到肯定，但是不符合强奸犯罪的主体要件时，如行为人不满14周岁，缺乏主体方面的要件，不是强奸犯罪四个方面要件的有机结合，那么最终该行为也不会被评价为强奸犯罪。

因为事实行为首先违反的是自然法，那么就可以避免一些混乱现象的发生。例如，故意杀人行为和过失致人死亡行为，如果仅仅根据形式的刑法规范，不经过实质的判断就区分不出两者的区别，在外表上都是杀人行为。但是因为其同时也违反了自然法，而自然法是可以区分出故意和过失的，虽然这里的故意和过失与刑法的故意和过失有所区分，但其在构造上大致是一致的。所以就可以大致区分出故意杀人行为和过失致人死亡的行为。

所谓自然法，是指形成于各种社会规则出现之前的形形色色的各类人与人之间、人与自然之间的最原始的规则，充实于社会不断发展的各类伦理道德规则等朴素的行为规范。

孟德斯鸠就最原始意义上的自然法总结了四个特征，即和平性、需求性、博爱性、社会性。就和平性他讲道："当人类处于自然状态的时候，有获得知识的权利，尽管那时的知识甚少。显然人类最初的思维毫无思辨性可言；在探求自己的生命起源之前，他想到的只是如何保存自己的生命。这样一个人最初的感觉只有懦弱，甚至懦弱至极。如果人们需要证明这一论点的话，可以看看森林中的那些野蛮人群；任何东西都会使他们浑身战栗，四散奔逃。在这种境况之下，每个人都自感卑微，每个人几乎没有平等感。人们也没有任何相互攻击的意愿，因此，和平应该是自然法的头条规则。"① 需求性则是来自于人类的生理本性，人类脆弱的感觉中又不乏需求的感觉。于是自然法中的另一条便是启发人类去觅食。博爱性则是因为人毕竟是感情动物，在人类早期，畏惧使人们逃脱，但是人们之间相互对畏惧的关注感却使人们之间相互亲近。另外，人们从中得到的愉悦在于，一个动物走近另一个同类动物时产生的快乐。加之两性间的差异所产生的盎然情趣，更加提高了愉悦的程度，因此，人类相互间的自然需求和爱慕，应该是自然法的第三条。社会性则是指人类另外一个重要的特点，人类除了具有最初的情感之外，还能逐渐获得知识。这样他们便有了其他动物所不具备的第二种联系。于是他们随之产生了一种相互结合的新动机：生活在社会中的意愿，这就是自然法中的第四条。

时代在进步，历史的变迁对自然法的四点内涵进行着不断的充实，自然法在不同的时期有着不同的含义。"社会科学的态度是把法律看做可变的和场合性的，当人们在一维的意义上刻画法律的特性或者认为法律具有不变的属性时，就违反了这一原则。"② 所以

---

① ［法］孟德斯鸠著：《论法的精神》（上），张雁深译，商务印书馆 1995 年版，第 4 页。

② ［美］诺内特、塞尔兹尼克著：《转变中的法律与社会》，张志铭译，中国政法大学出版社 1994 年版，第 10 页。

说，自然法不断发展的过程就是对上述四点内涵不断充实的过程，自然法就是指挥应然行为并且禁止其反对行为的最基本的自然理性，后来正义、公平等不断地充实于其中，自然法有了更加丰富的内涵，使有些传统意义上和自然法相对而言的所谓行政法慢慢地转为了自然法，一些所谓的行政犯变为了自然犯。违反诚实和怜悯这些本质感情的犯罪是自然犯，它是不待法律的规定，本来就应该受到社会伦理非难的行为，而违反基于行政原因而立法的犯罪则是行政犯，它是由于法律的禁止才开始成为非难对象的行为。“自然犯和行政犯的分类，是与相应的时间和场合相适应的，是相对的，因此，常被指出法定犯的自然犯现象。”① 本书所讲到的违反自然法，就是违反一般民众最美好、朴素的规范以及道德等的情感，当然还包括被自然法化了的以及没有被自然法化了的所有法律规则。

三、事实行为的功能

（一）对“犯罪构成是判断行为是否构成犯罪的唯一标准”这一命题的成立，进行理论体系上的、逻辑上的完善

将正当防卫、紧急避险等排除社会危害的行为纳入事实行为的内涵里，以保障逻辑上的周密，是为了使“一切行为是否构成犯罪，犯罪构成是一般标准”这一命题得到体系上的证明。我国的传统刑法理论没有将上述行为纳入犯罪构成中评价，使正当防卫等行为的判断游离于犯罪构成之外，而用其他的标准对正当防卫等行为进行判断。传统理论具体的表述也不尽相同。主要有以下两种。第一种，“排除社会危害性的行为，是指外表上符合某种犯罪构成，实质上不具有社会危害性的行为”。② 第二种，“在排除社会危害性的情况下，所实施的行为，在刑法上本来是作为犯罪规定的，

① ［日］大塚仁著：《刑法概说（总论）》，冯军译，中国人民大学出版社 2003 年版，第 94 页。

② 高铭暄主编：《中国刑法学》，中国人民大学出版社 1989 年版，145 页。

但是由于是在特定的条件下为了保护合法利益而实施的，从而也就排除了其行为原有的社会危害性”。①

上述传统理论的表述不符合逻辑的基本规律。“逻辑基本规律是关于思维的逻辑形式的规律，包括同一律、不矛盾律、充足理由律，它们对各种逻辑形式的正确运用具有普遍性的指导意义，是保证人们的思维具有确定性、一贯性、明确性和论证性的必要条件，是正确思维的起码要求。如果违反逻辑基本规律，思维就会出现混乱，人们就不能正确地认识事物和准确地表达思想。在司法工作中，自始至终都要遵守逻辑基本规律。”② 其中同一律的基本内容是：在同一思维过程中，任一思想都必须与其自身保持同一。逻辑所说的同一思维过程，是指同一时间，同一关系，同一思维对象三个方面的三同一思维过程。其中所谓同一时间，是指思维对象正处在量变阶段，尚未发生质变之前的一段时间；所谓同一关系，是指思维对象的同一方面、角度、场合等。它要求在使用概念时，必须要有确定的内涵和外延。要求在同一思维过程中，概念要与其自身保持统一。概念的内涵与外延必须是确定的，即概念反映了对象的什么本质属性就反映了什么样的本质属性，一个概念指称了哪些对象就指称了哪些对象。另外就是在使用判断时必须要保持前后一致，即对同一事物情况的断定是确定的，即肯定就是肯定，否定就是否定。一个判断断定了什么思想便断定了什么思想，如果一个判断是真的，那么这个判断就是真的，不能用另外的不同的判断来代替。不矛盾律是指在同一思维过程中，两种互相矛盾或者互相反对的思想不能同真，其中必有一假。要求思维的前后一致性，一个概念不能既反映某一个对象，又不反映这一个对象，不能用具有矛盾关系或者反对关系的概念去反映同一对象。在判断方面，不矛盾律要求，在同一思维过程中，不能对同一事物情况作出互相排斥的两

---

① 王作富主编：《中国刑法研究》，中国人民大学出版社 1988 年版，190 页。

② 李振江著：《法律逻辑学》，郑州大学出版社 2008 年版，114 页。

种断定。在判断结构上，不能用具有矛盾关系或者反对关系的判断去反映同一个事物情况，不能断定互相矛盾或者互相反对的判断同时为真，必须否定其中一个。

上述第一种观点首先将犯罪构成理解为外表性的犯罪构成和实质上的犯罪构成，两者的上位概念是犯罪构成，排除犯罪性行为之所以不构成犯罪，是其外表上符合，而实质上不符合。这就违反了同一律中“要求在同一思维过程中，概念要与其自身保持统一”和“在使用判断时必须要保持前后一致，即对一事物的断定要有确定性”这样的要求，既然犯罪构成是唯一标准了，那么又分为外表的犯罪构成和实质的犯罪构成，这就混淆了犯罪构成的概念。用前后两种不同的犯罪构成去判断行为是否构成犯罪，这又违反了判断的统一性。其违反不矛盾律的表现是，传统理论对犯罪构成概念进行了自毁，在认定犯罪的这一思维过程中，对外表上符合犯罪构成和实质上符合犯罪构成这两种现象加以区分，其实在我国的犯罪构成外表和实质是统一的，由外表上的符合就可以断定实质上符合；反之亦然，那么该观点将本来外表和实质统一的整体，硬生生地撕开两张皮，对其分别进行阐述，进而得出结论，是不合适的。第二种观点认为，排除犯罪性行为是符合犯罪构成，但是由于刑法的规定，利益的平衡，所以不构成犯罪。就犯罪构成论而言，该结论的得出是出于功利性的考虑。该观点的缺点有二：一是逻辑上的不周延；二是就利益平衡而言，其结论太着重于功利，不符合价值位阶原则。因此，鉴于传统理论不能从价值和形式逻辑上很好地解决该问题，造成犯罪论理论上的断裂，那么事实行为的提出则圆满地从逻辑上解决了难题。

（二）人权保障功能

规范的目的是预防，事实行为作为事实规范，有保障自由的功能，如宾丁讲道：“与处罚的目的不同，规范目的完全是预防的类型，即法律指令。在规范所遏制的后果中，被禁止的行为应在最大范围内消失，而被命令的行为则应当出现。它有自己的形式和内容，内容是禁止和命令，形式是指令，就使人们预知自己应该实施或者放弃。”[①] 那么事实行为的一项重要的任务是赋予人们某种义务，其中包括说明个别化义务的理由。法律是需要遵守，但是事实行为强调人们去积极地行为，而非消极地服从。所以事实行为的实行者只能是在一般意义上接受指令者，而不是所有破坏该指令的人或者现象，如台风等自然现象所造成的破坏后果，就被排除于事实行为之外。作为思想，因为没有造成所谓的破坏后果，就被排除于事实行为之外。从另外一个角度讲，法律通过禁止和命令限制人们的肆意，在最大限度内保障人们的自由，事实行为作为犯罪构成行为的一个事实，是从一个规范违反的角度来对犯罪进行的限定，是以合法行为作为规范的逻辑出发点，强调国家在制定与运用规范中的科学性，并以此作为犯罪构成行为的前提，有利于限制刑罚权的滥用，所以讲事实行为提出本身不是目的，它只是一个手段，其最终目的就是保障自由，保障人权。

（三）使行为的机能得以实现的功能

德国刑法学家迈霍夫归纳指出，刑法学意义上的行为必须能够满足以下三种机能：“第一，是作为基本要素的机能，即行为可以毫无例外地包含刑法上重要的、所有的人格态度（如不作为、过失），或者说，刑法所规定的、所评价的都是行为这一共通的概念。这是一种具有论理意义的机能。第二，是作为结合要素的机能，即在构成犯罪论体系时，将违法的、有责的、可罚的这些无价值判断结合起来的是行为这一概念。这是一种具有体系意义的机能。第三，是作为界限要素的机能，即在刑法上并不重要的举动，由于不认为是行为，一开始便排除在刑法考察范围之外。这是一种具有实际意义的机能。”[②] 作为我国刑法语境下的、犯罪构成前需要考虑的事实行为无疑也有这些机能。根据对事实行为的定义，事

① ［德］宾丁著：《规范及其违反》，1992年版，第51页。

② 张明楷著：《外国刑法纲要》，清华大学出版社1999年版，第61页。

实行为是人的意欲而引起外在世界的变化，那么不作为、过失身体动作都是基于没有实质内容的意欲而实施的，都属于事实行为，以判断是否构成犯罪为目的，进而犯罪构成所要检测的对象就是事实行为，所以事实行为实现了基本要素的机能。事实行为概念的提出，将正当防卫、紧急避险等行为都纳入其中，使整个犯罪论体系得到完整的构建，实现结合要素的机能。思想、自然现象等没有意欲性和有形性，其不属于事实行为，从而实现了界限机能。

（四）实现刑法针对行为人的规制功能

目前全国的刑事犯罪呈逐年上升的态势。特别是一些常发案件和重大刑事案件更是如此，最高人民法院2009年度的工作报告讲道："依法严惩危害国家安全犯罪，杀人、绑架、抢劫、爆炸等严重暴力犯罪以及盗窃、抢夺、诈骗等多发性侵财犯罪，各级法院审结上述案件26.7万件，判处罪犯37.5万人，同比分别上升2.3%和0.8%。会同有关机关制定审理黑社会性质组织犯罪案件适用法律意见，推进打黑除恶斗争依法开展，各级法院审结黑社会性质组织犯罪案件527件，判处罪犯3231人，同比分别上升13.8%和16.6%。积极参与实施国家反对拐卖妇女儿童行动计划，审结拐卖妇女儿童犯罪案件1636件，判处罪犯2413人，同比分别上升20.9%和11.7%。加大对毒品犯罪打击力度，审结此类案件5.1万件，判处罪犯5.6万人，同比分别上升16.5%和11.6%。"① 从上述数字可以看出，目前我国犯罪已呈现出越来越严重的局面，虽然这种现象有诸多的社会原因，但不容忽视的是，其中有相当一部分是因为行为人在行为时并不知道自己的行为是犯罪行为，那么就需要充分发挥刑法对行为人的规制功能，具体做法就是事实行为的提出，使民众注意和了解自己行为的刑法意义，使其做出适法的行

---

① 参见《中华人民共和国最高人民法院2009年度工作报告》，载中华人民共和国最高人民法院网，网址：http://www.court.gov.cn/xwzx/yw/201003/t20100319_3244_1.htm，2010年3月20日访问。

为，而不实施违法行为，以达到减少犯罪的目的。需要指出的是，注重行为的规则功能，并不是针对司法人员规制机能的否定。两者只有同时注重，才能真正实现人权保障和打击犯罪的有机结合。

第三节　事实行为在犯罪论体系中的位置

概念只有在与其相关范畴的联系中才能找到自己恰当的位置，研究刑法中的事实行为同样要考虑事实行为所寓居的环境，只有这样，才能从总体上真正把握其应有内涵。行为这一概念，在不同的法系和国家中有不同的含义，其在犯罪论中的位置也不尽相同。在社会主义法系和大陆法系的犯罪论体系中，没有事实行为这一概念，但是某些情况下，大陆法系行为的概念大致与本书所提出的事实行为相类似，其语境下的行为在犯罪论体系中的位置对本书极具有借鉴意义。

一、大陆法系与社会主义法系中行为在犯罪论体系中的位置

大陆法系关于行为的概念在犯罪论体系中的地位，有两种不同的观点。有学者总结道："有关行为在犯罪论体系上之地位，素有行为说与构成要件说之对立；前者主张，行为乃先于构成要件之独立的犯罪构成要素，后者则主张，行为是犯罪成立要件之一的构成要件要素。"① 详言之，第一种观点认为行为应当先于犯罪的成立要件来理解，它不是抢夺、诈骗等这些个别的具体犯罪行为，乃是超越这些个别行为的一般意义上的犯罪行为，应当作为前刑法的事实性行为来理解。例如，有学者也认为："行为乃法律规范评价之对象，犯罪诸要素，如违法性、有责性均附丽于此，性质重要，虽曰犯罪行为性质种种不同，然必有共通的基本意义可寻，共同意义一经究明，则何种行为不属于刑法之范围，当不难迎刃而解，故就

① 陈子平著：《刑法总论》，中国人民大学出版社2009年版，第113页。

刑法上行为确定其概念，用以统摄各种性质不同之犯罪行为，不但理论上有其可能，且属实际所必需云。”[1] 以这种观点为基础建立的犯罪论体系将犯罪的成立要件分为行为、构成要件符合性、违法性和有责性或行为、违法和有责。第二种观点则是将行为作为犯罪成立要件之一的构成要件来理解，认为其属于构成要件要素。上述学者继续说道：刑法中的行为都是杀人、放火等这些具体个别的犯罪行为，因此，“行为在刑法上之所以具有重要性，乃在其与法定之构成犯罪事实相合，成为犯罪行为，可受规范之评价。若离开犯罪概念，而欲寻求一种概括的前置于犯罪的行为定义，不但甚感困难，即或勉强为之，亦必内容空泛，无何实益可言”。[2] 以此观点为基础建立起来的犯罪论体系将犯罪成立要件分为构成要件该当性、违法性和有责性。

所以，行为究竟是构成要件的要素还是先于构成要件的独立范畴是这两种理论所争执的焦点。第一种观点认为行为是先于构成要件的独立的范畴，第二种观点则认为行为是构成构成要件内部的一个要素。

现在，出现了第三种观点，有学者提出了消极行为的概念，认为积极行为概念没有任何的意义。具体观点就是避免原则。例如，卡尔斯讲道：“如行为人可以避免结果的发生，同时法律也要求行为人避免这个结果的发生，那么，只要他没有避免，就应将他所没有避免的这个结果归责于该行为人。”[3] 可以看出，该论者是将所谓的避免原则作为可以归责于行为人的一个理由，从而总结出所谓行为是保证人地位可以避免的不避免，由于作为和不作为都是能够避免某情况，而没有避免，从而可以将结果归责于行为人。从而可

---

① 韩忠漠著：《刑法原理》，北京大学出版社 2009 年版，第 93 页。

② 韩忠漠著：《刑法原理》，台湾雨利美术印刷有限公司 1981 年版，第 110 页。

③ Kahrs, Das Vermeidbarkeitsprinzip und die condicio – sine – qua – non – Formel im Strafrecht, 1968, 36.

以看出作为人和不作为人都是因为没有避免什么。如果这样理解的话，那么就会造成行为的概念变得非常宽泛，不易把握，有学者对此进行了规制，赫茨贝格在此基础上加上了一个保障人地位。他讲道："在这个作为危险源的人通过危险性身体动作而使自己得以实现和因此就为避免此后果负有责任的范围之内，也存在了。"① 但是在作为的结果犯中避免只是意味着结果的不引起，那么不引起只是指不实施结果的不引起。从某种角度来讲，其中的否定包含着肯定的内涵，所以如要很清晰地说明不避免的话，仅仅是指结果的引起。针对这个疑问，贝伦特讲道："所有的行为其实本来就是不作为，这里的不作为是指构成要件符合性状况的可以避免的不避免。"② 从他的话里可以看出，他是通过没有被实施的反控制这一冲动理论的、心理分析的行为模式来改善和支持赫兹贝格从纯粹的理论学考虑中所得到的消极的行为概念。

还有另一部分学者则完全否定行为概念，认为在构成要件符合性之前不需要行为概念，而只认为构成要件符合性是重要的，将构成要件符合性作为判断犯罪的第一个阶段和基础性概念。例如，罗克辛针对这种情况总结道："针对所有迄今发展起来的行为概念应当提出的严重批评，已经以日益增长的规模导致了这样一种无可奈何的结论，应当完全放弃一种位于行为构成之前并能够一般适用的行为概念的思想，取代这个思想的，应当像拉德布鲁赫已经想过的那样，把行为构成符合性提升为刑法制度的基础概念。"③ 那么根据这种观点，最开始就要从刑法评价的对象中排除某些不是刑法所规范的现象，是在构成要件的范围内要加以考虑的。

根据上述消极行为和否定行为理论的观点，从行为的概念中已

① Herzberg,1972,173.

② Behrendt,Die Unterlassung im Strafrecht,1979,S. 132.

③ ［德］克劳斯·罗克辛著：《德国刑法学总论》，王世洲译，法律出版社2005年版，第159页。

经不能引导出有实践意义的结果，那么行为这个概念当然也就无存在的必要，对它进一步地研究探索也就被看成是无用的事情，从而导致出在犯罪论的体系中，没有行为的位置。

前苏联在20世纪初开始建立了犯罪论体系，其主流的观点是将行为作为四个要件之一的客观方面中的一部分来看待的。例如，皮昂特科夫斯基指出，行为人是否构成犯罪，要看其行为是否符合具体的犯罪构成要件。他具体讲道："一般犯罪构成指每一犯罪所具备的基本要件，而缺少其中之一就得承认不具备犯罪构成。犯罪的基本要件是：（1）一定的犯罪主体；（2）一定的犯罪客体；（3）主观方面；（4）犯罪客观方面的特征。"① 特拉伊宁也认为刑事责任根据问题是与具体犯罪构成紧密联系起来加以研究的。他说："有一条基本原则始终是不可动摇的，行为只有符合分则罪状规定的犯罪构成才能受到处罚。"② 他的意思是强调行为属于犯罪构成的一部分。

我国刑法理论来源于前苏联刑法理论，但是有所创新，可就行为在犯罪论中的位置而言，基本上是一致的，那就是行为是犯罪构成四个方面要件中的客观方面的一个要素。例如，有观点认为："在我们看来，说明犯罪客观方面的事实情况有六个：（1）危害行为；（2）危害结果……其中，危害行为是一切犯罪构成必需的要件，在整个犯罪构成中居于核心的地位。"③ 还有比较新的观点认为："根据本书的观点，犯罪构成有两个共同要件：一是客观构成要件，或称犯罪客观要件，是表明行为的违法性的要件，其内容为违法性（法益侵害性）奠定基础、提供根据，因而也可以称为违法构成要件。二是主观构成要件，或者犯罪主观要件，是表明行为

---

① 曹子丹等译：《苏联刑法科学史》，法律出版社1984年版，第40页。

② ［前苏联］特拉伊宁著：《犯罪构成的一般学说》，王作富等译，中国人民大学出版社1958年版第68页。

③ 马克昌主编：《犯罪通论》，武汉大学出版社2005年版，第143页。

的有责性的要件，其内容为有责性（非难可能性）奠定基础、提供根据，因而也可以称为责任构成要件……行为主体本身、特殊身份、行为、结果等属于客观构成要件要素。”[①] 该观点对犯罪构成进行了创新，将传统的四要件改为了二要件，但是行为还是包摄于犯罪客观方面之中，从这一点来看，仍然是坚持的传统观点。

二、大陆法系与社会主义法系中行为在犯罪论体系位置的评析

大陆法系刑法行为理论的第一种观点认为行为是先于构成要件而存在的，将行为赋予其在犯罪论体系中独立的地位，这就可以发现行为可以为全部应受刑事处罚的作为和不作为这两种表现形式提供了一个共同的上位概念，该概念将所有相近但不完全相同的内容联系在一起，根据这个概念，行为应当是描述某种无色无味的事情，这种事情包括作为、不作为、故意、过失等。行为作为独立的要素，相对于构成要件符合性、违法性、有责性，它是中性的，任何应该在后面评价阶段作为属性加入的因素纳入行为自身都是不被允许的。如果真的是这样，那么行为作为连接因素而具有的体系化意义就不存在了，如有学者讲道：“作为这种称谓的承担者和主体，行为概念必须是与所有这种称谓完全无关的”。[②] 在保证行为是无色无味的同时，从另一方面讲，它也不是毫无内容的，这些内容使它足以承担起在下一阶段违法和有责评价的重任。

第二种观点将行为作为构成要件内部的一个要素，不承认行为具有作为犯罪构成要素的独立地位，这也是国外的通说。它以一般的、抽象同时定型的构成要件该当性作为判断的前提，对肯定了构成要件符合性的行为，再进行个别的、具体的同时也是非定型的违法性及有责性的判断。那么，相对于构成要件该当性，对责任和违法性的要素是应该予以并列的理解，还是应该重叠地、发展地理解

① 张明楷著：《刑法学》，法律出版社2007年版，第108～110页。

② Maihofer,1953,8.

呢，这需要认真地考虑。违法性的判断是从法规范的立场进行外部的、客观的评价，而有责性的判断则是内部的、主观的判断能否进行与行为人人格相适应的非难，从这一点来看，还是应该将两者进行重叠性、发展的判断，给两者以先后的顺序。

对于消极行为的观点，是值得怀疑的。在积极性的犯罪结果之中，避免仅仅意味着不造成结果，不避免因此是对不造成结果的否定。这是一种双重否定，换句话讲，就是造成了结果。这种造成与不作为犯罪中表现的不制止结果在一起，就是做和让做。否定和肯定并不处于相同的否定性上位概念之下，因为肯定在语言上能够作为双重否定来说明。在不作为中找不到一个心理性基础，这个上位概念的共同性不能逻辑性和心理性地作为基础表现出来。同时消极的行为概念也发挥不了传统意义上的连接因素的作用。因为该观点认为在行为领域中完全与犯罪构成分离是不存在的，行为概念与犯罪构成紧密地联系在一起，所以消极行为概念更多提供了犯罪构成的特征性，而不避免的概念仅仅具有从刑法的犯罪构成中产生的应该避免的条件意义，可避免的不避免表明了人们能够称之为违反禁令或者违反规范的那些事情。另外，消极的行为概念难以满足界限的功能。不作为的反控制在作出决定前，就在内心深处开始反对自身内心中的破坏性，正是因此而涉及纯粹的思想范围，所以虽然正确的是，身体性作为是纯粹身体的自然举止，是不可避免的，但是，不可避免还有那些事先不能预见的，在构成要件中有待排除因果过程。

就完全否定行为概念的理论而言，因为其认为行为没有存在的意义，提出不要行为概念，所以一开始就排除作为刑法评价对象的确定现象，但是，这个观点是不合适的，因为行为问题是不能简单地加以消除的。罗克辛就这个问题讲道："即使在人们刚开始使用行为构成来构造体系时，也会不得不谈论符合行为构成的行为或者符合行为构成的举止行为。但是这里同时提出来的问题是，伴随在符合行为构成这个标志上的那种行为或者这种举止行为是什么。"[①] 所以还要有一个与刑法性评价相连接的共同的基础，如不可抗力、思想等表现形式从一开始就不予以考虑，这种对可能的评价正确地表现出来的客观情况，通过肯定性特征，使这些客观情况成为行为。所以说，行为概念的体系性功能不是多余的，是有存在的理由的。

就犯罪论体系而言，社会主义法系的犯罪论体系与大陆法系犯罪体系有着本质的不同。社会主义的犯罪论一直认为，犯罪是历史的、法律的、阶级的概念，犯罪的第一特征和本质特征是严重的社会危害性，"在刑法中，特别是在犯罪问题上，主要的一环是社会危害性"。[②]"行为的严重社会危害性是犯罪的本质特征，它在犯罪论中具有非常重要的意义。"[③] 社会主义法系中的前苏联的犯罪论提出了犯罪构成是主客观相统一的观点："每个具体犯罪构成都是包含有犯罪主体和犯罪主观方面，以及犯罪客体和犯罪的客观方面要件的总和。犯罪构成的一切要件相互联系，每一个要件都是有机统一体的一个组成部分。在某人的行为中，如果缺少任何一个要件，那么就意味着缺少了整个犯罪构成。"[④] 我国主流的看法同上述观点基本上是一致的，权威观点认为："一切犯罪都是危害行为的客观要件与主观要件的统一体，我国刑法中的犯罪构成既然是犯罪的成立要件意义上的犯罪构成，这就决定了它必然包含成立犯罪所必需的一切客观要件和主观要件，我国刑法中的犯罪构成是行为成立犯罪所必需的一切客观要件和主观要件的有机统一的整体。"[⑤] 犯罪论体系的基本观点和核心问题影响着犯罪论体系的结构和内

---

① ［德］克劳斯·罗克辛著：《德国刑法学总论》，王世洲译，法律出版社 2005 年版，第 160 页。

② 曹子丹等译：《苏联刑法科学史》，法律出版社 1984 年版，第 20 页。

③ 马克昌主编：《犯罪通论》，武汉大学出版社 2003 年版，第 23 页。

④ 马改秀、张广贤译：《苏维埃刑法总论》，群众出版社 1987 年版，第 78 页。

⑤ 马克昌主编：《犯罪通论》，武汉大学出版社 2003 年版，第 72 页。

容，以及对具体问题的解决，还有相当一部分观点认为社会危害性是犯罪论的核心问题，但是在具体问题的认识上还没有真正把握这个核心问题，常常出现一些漏洞和矛盾。例如，认为正当防卫、紧急避险行为形式上符合犯罪构成要件而实际上没有社会危害性，就是没有真正把握社会危害性内涵的具体表现，是用大陆法系刑法理论直接套用我国刑法理论的结果。大陆法系刑法理论主张犯罪构成要件只包含说明犯罪行为外部、形式特征的事实，没有经过违法性和有责性的判断，因此也认为正当防卫和紧急避险行为是符合犯罪构成要件的。但是我国的犯罪构成是主客观相统一的有机整体，是实质的判断，将大陆法系的违法性和有责性都放在了犯罪构成中判断，两者是完全不一样的。从上可以看出，相当于大陆法系刑法理论中行为的危险行为是犯罪客观方面的内容，是其构成要素之一，与其他构成要件方面是一荣俱荣、一损俱损的关系，从某种意义上讲，与其他方面的构成要件的地位同样的重要。

三、结论

通过分析大陆法系刑法理论和社会主义法系刑法理论中行为在犯罪论体系中的位置，可以看出犯罪论体系的设计非常重要，行为在犯罪论体系中的位置具有理论和现实意义。本书事实行为的确定，在犯罪论体系中是独立存在的，具有阶层判断的基础性意义。具体来讲，事实行为的判断和犯罪构成的判断是先后的顺序，判断一个行为是否构成犯罪，需要经过两次相关的判断。第一次判断是否为事实行为，然后才进行是否符合犯罪构成的第二次判断。经过这两次的判断以后，最终可以判断一个行为是否构成犯罪。

第五章

罪与非罪界定的一般标准：犯罪构成有机性的提倡

罪与非罪的界定在我国刑法理论中具有非常重要的位置，通说将其落脚于犯罪构成的把握上。具体而言，犯罪构成作为一种平面的评价，四个方面的构成要件是一荣俱荣、一损俱损的关系。有学者认为，该平面评价是一次性的判断，极易出现疏漏，且正当防卫、紧急避险等正当性行为无法在犯罪构成中予以评价，与“犯罪构成是判断行为是否构成犯罪的唯一标准”的观点相抵触，从而提出阶层判断的观点。将某一行为认定为犯罪时，须进行三次评价：构成要件符合性主要是事实评价，为犯罪提供行为事实的基础；违法性是法律评价，排除正当防卫等违法阻却事由；有责性是主观评价，为追究刑事责任提供主观根据。以上三个要件，形成一个过滤机制，各构成要件之间具有递进关系，形成独特的定罪模式。笔者认为，将目前平面型、闭合式结构转化为层层推进构造的做法是可取的，但具体架构上将违法性评价和有责性评价各自作为独立的一层是不合理的。实际上，犯罪构成的传统观点有着理论与实践上的合理性，与我国社会主义国家的性质及实务部门在实践中的易于把握性紧密相连。在现行体制下，要做的并非将犯罪论体系全盘推翻，更切合实际的做法是将传统观点予以理论上的完善，赋予其新的内涵，使其与社会的发展相适应。笔者认为判断行为是否构成犯罪分为三个阶段：第一个阶段是判断一个行为是否为事实行为；第二个阶段将事实行为放在四个方面的构成要件中进行检测；第三个阶段是将检测后的行为再次进行“有机性”的判断，从而得出一个行为是否构成犯罪的结论。其中，第二层和第三层评价就是对“犯罪构成是我国刑法所规定的、决定某一行为成立犯罪所必需的一切客观要件和主观要件的有机统一的整体”① 的重新阐述，是对该说的继承和发展。第二层的判断是一种综合性的判断，是违法性和有责性的判断。第三层的判断其实就是对排除犯罪性行为的判断，同时将期待可能性等理论内化于其中。

第一节　立体型的犯罪构成：以大陆法系犯罪成立理论为例

大陆法系一般意义上的犯罪构成理论自 20 世纪初期开始建立起，经历了复杂的演进过程，最终确立了构成要件该当性、违法性和有责性的三阶层理论。构成要件该当性是指行为符合刑法分则所规定的具体犯罪的特征，其内容包括行为、结果、行为客体、行为情形、因果关系、构成要件的故意与过失等。违法性要件指的是违反法律的规定，包括形式的违法性和实质的违法性。对违法性的判断是一种否定性的判断。该当性的判断和违法性的判断二者之间是“烟与火的关系”，前者不仅是后者的认识根据，还是后者的存在根据。如果行为具有违法阻却事由（如正当防卫、紧急避险等），行为就不具有违法性。如果不存在违法阻却事由，便要进一步审查行为人有无责任。有责性要件包括责任能力、故意和过失、期待可能性等。如果某行为符合构成要件，也违反法律的规定，但存在责任阻却事由（如行为人是精神病患者），也不能成立犯罪。有责性的判断不仅有消极性的判断，还有积极性的判断，如对期待可能性就是一种积极性判断。三要件之间具有紧密的联系，但在判断时却

① 马克昌主编：《犯罪通论》，武汉大学出版社 2003 年版，第 70 页。

是层层递进，依次过滤，体现出鲜明的阶层性特征。“阶层的犯罪论体系最具代表性的是德日的犯罪论体系。其通说认为，犯罪论体系由构成要件符合性、违法性、有责性三个要素依次递进排列而成，这被称为三阶层犯罪论体系或三阶段犯罪论体系。”①“承认构成要件符合性、违法性及责任这三个要素的体系……可以说是通说的立场。”② 从上述学者的表述中可以看到大陆法系的构成要件和我国的犯罪构成含义是不一样的。我国理论界通说认为犯罪构成就是犯罪成立的一个综合标准，是犯罪成立的唯一标准，而大陆法系的构成要件仅仅是犯罪成立标准的第一个标准，后面还有违法性判断、有责性判断等标准。“我国的犯罪构成要件已经包含了犯罪成立所需的种种因素，犯罪构成要件与犯罪成立要件没有区分，两者含义是一致的……但在大陆法系犯罪构成理论体系中，构成要件仅仅是对事实的评价，除此之外还要进行法律判断与有责性判断，犯罪构成只是犯罪成立要件的下位概念，而非同等概念。”③ 所以说，我国犯罪构成的概念与大陆法系的构成要件概念并非对应的关系，与其犯罪的成立理论则是相对应的。

一、大陆法系中构成要件的不同学说

就构成要件而言，大陆法系的观点并非一致，各观点对其含义有着不同的解读，有的认为构成要件仅仅是一种客观的判断，有的认为构成要件不仅有客观的内容，还有违法性的内容，还有的观点认为构成要件是一种非常综合性的判断，包括违法性、有责性等内容。

---

① 陈家林著：《外国刑法通论》，中国人民公安大学出版社 2009 年版，第 121 页。

② ［日］大塚仁著：《刑法概说（总论）》，冯军译，中国人民大学出版社 2003 年版，第 105 页。

③ 胡江：《我国犯罪构成与德日犯罪成立理论之比较》，载《民主与法制》2008 年第 11 期。

（一）行为类型说

行为类型说认为，构成要件是指法律上的、抽象性的、观念性的犯罪类型的轮廓，由刑法分则规定，属于犯罪成立要件之一。它不包括违法性和有责性方面的内容，具有显著的客观性。

行为类型说是贝林主张的。他将“无构成要件则无犯罪”作为前提，进而重视形式化的构成要件在犯罪成立中的重要地位，同时强调刑法分论的构成要件，认为只有行为符合刑法分则各个条文所表述的构成要件，才能被称为犯罪。基于此，将刑法分则的特殊构成要件理论化、类型化、概念化，将其作为刑法总则犯罪概念的中心，从而与违法性、有责性一起构成犯罪构成概念。最终通过构成要件概念把刑法分则与刑法总则有机地结合起来，构建一个以构成要件为中心的犯罪论体系。这样，贝林将构成要件概念提升为具有体系性知识结构的犯罪构成理论，使构成要件具有了刑法体系的意义。

具体而言，这里的构成要件是指现实中的、具体性的、个别性的符合犯罪类型轮廓的事实，属于事实关系而非法律关系。正因如此，它没有经过法律价值的评价，所以仅仅是一种客观的事实。“构成要件是一种纯客观的、独立的、无色的行为的观念指导形象，只有犯罪行为的种种情况与它相对应时，才具有了符合性。在具有了符合性之后，需与违法性相重合才能具有犯罪性。但并不是所有具有犯罪性的行为都要受到刑罚惩处，中间还有一个有责任的前提条件。满足这个前提条件，才应负刑事责任。”①

贝林将构成要件看做是犯罪类型的轮廓，既然是轮廓，那么必然包括一些基础性的主观的、规范的要素，只有这样才能发挥轮廓的作用，其构成要件又是纯粹形式和客观的，作为犯罪类型轮廓的构成要件与只是形式、客观的构成要件产生了矛盾。于是，贝林修改了以前的观点。他视构成要件和犯罪类型为两个不同的观念，构

① 刘生荣著：《犯罪构成原理》，法律出版社 1997 年版，第 5 页。

成要件仍然是客观和形式的，但是犯罪类型则会考虑原则上的主观性的要素。例如，故意杀人和过失致人死亡，两者在构成要件方面都是致人死亡的客观事实，是相同的，但是犯罪类型是不同的，一个是故意杀人，另一个是过失致人死亡，使构成要件和犯罪类型得以区分。正如有学者讲的那样："1906 年的《犯罪论》中并没有明确界限的犯罪类型与构成要件在 1930 年的《构成要件理论》中得到了完全的区分。构成要件是使犯罪类型成为'犯罪类型'的逻辑的前提，是同时规制作为犯罪类型要素的违法和责任的观念的指导形象。"①

目前，行为类型说在日本得到发展，也是一种有力的学说，但是与贝林的主张有些许不同。就构成要件的价值中立和形式性而言，如今的学说与以前的学说是一致的，该观点否认构成要件对违法性和责任有推定机能，对于违法性的判断当然不是消极的判断而是直接积极的判断。"认为构成要件是'划定犯罪轮廓的观念的形象（型）'，作为刑法体系的论理，构成要件均包括违法行为和非违法行为。"②

现在的行为类型说与贝林当年理论的"些许区别"是有关主观因素方面的，现在的论点将主观要素分为构成要件的故意、过失与责任性的故意和过失。对于前者的认定是基于社会一般人的认识标准，对于后者的认定则是基于行为人本人具体的认识。那么，前文所述的故意杀人和过失致人死亡在构成要件阶段得到了区分，故意杀人的构成要件与过失致人死亡的构成要件区分为了两个不同的构成要件，与贝林认为两者的构成要件是一致的观点不同。"构成要件的故意是社会生活一般意义上的杀的意思、盗的意思，与作为责任的杀的故意、盗窃的意思不同。"③

---

① ［日］宗冈嗣郎著：《犯罪论与法哲学》，日本成文堂 2007 年版，第 83 页。

② 陈家林著：《外国刑法通论》，中国人民公安大学出版社 2009 年版，第 134 页。

③ ［日］内田文昭著：《刑法Ⅰ（总论）》，日本青林书院 1997 年版，第 112 页。

行为类型说最大的问题就是构成要件的判断过于宽泛，将各种各样的行为都作为构成要件看待。在构成要件判断阶段，是客观性、无价值性的判断，故意杀人行为和正当防卫型的杀人行为由于没有经过价值和法律性的判断，其在外表上看是一样的，都是致使自然人死亡，属于同一构成要件。那么就会造成很多的正当的现象都是属于构成要件，过于规制民众的行为，限制国民的自由，有侵犯人权的危险。

（二）违法行为类型说

违法行为类型说认为，构成要件与违法性的关系是烟与火的关系，其内容包含违法性的内容，具有违法性的推定机能。除了在例外情况下具有违法阻却事由，该当构成要件的行为即是违法行为。

持该观点的学者认为构成要件本身当然地包含着国家的价值主张，是对法益侵害的违法行为进行的类型性抽象化，因而具有违法推定机能。因为该当构成要件，原则上就可以推定其为违法，如果存在正当化事由，则阻却违法进而不成立犯罪。从中可以看出其体系性的意义：经历了是否符合构成要件判断之后，到违法判断阶段不需要就行为有无违法性再作积极判断，而只需从实质意义上判断有无阻碍违法事由即可，实际上，违法性判断就是违法阻却事由存在与否的判断。

有学者通过对违法行为类型说的阐述，提出了规范构成要件要素的观念，进一步说明构成要件与违法性的关系。我国学者张小虎教授总结了国外的观点："法律上的构成要件是违法性的认识根据，除非出现违法阻却的例外事由。构成要件与违法性两位一体，构成要件不是无色的、纯中性的，其蕴涵着违法性的要素。"① 犯罪成立，是指事实行为该当刑法分则所规定的具体犯罪的构成要件。法律上的构成要件是违法性的认识依据，所以必须由无价值、

① 张小虎：《大陆法系犯罪构成理论进程解析》，载《社会科学辑刊》2007 年第 3 期。

客观的内容来构成。但是，在法律上的构成要件当中，可以发现有规范的要素和主观的要素，因为对构成要件的判断过程中，仅仅客观地判断不能解决问题。例如，盗窃罪中的“他人财物”、伪证罪中的“虚伪的事实”等，这类要素与价值中立的构成要件要素不同，它们不能依靠法官的感官来感觉，而需要由法官的评价确定。而这些评价就是规范性的判断，有学者甚至进一步讲道：“构成要件该当性显示的是作为规范违反性的违法性的内容，因此在犯罪概念中并不是独立的概念要素，而应该在违法性这一概念要素内部加以论述。”① 西原村夫上述的观点讲出了构成要件与违法性的紧密关系，他甚至认为构成要件与违法性可以融合为一个违法性的概念，这或许是该论中一个比较特别的观点。

由上可知，构成要件与违法性是两位一体的，构成要件不是纯中性的、无色的，其中蕴涵着违法性的要素。但这些要素不是真正地构成要件要素，因为它们只不过是评价与意思活动无关的结果相联系；而真正的违法要素，是指那些不仅是违法性的认识依据，也是其存在依据的要素。正如有学者讲的那样：“构成要件具有违法性的推定机能，同时，构成要件该当性又独立于违法性，且必须在违法性之前进行判断。”②

该论的提出者迈耶还主张在构成要件中包含主观要素，但是他又认为这些主观因素是属于责任的因素。他同时主张构成要件该当性与违法性必须严格地加以区分，其与责任也必须严格地加以区分。符合构成要件原则上具有违法性，是指构成要件不包括立法者的评价，立法者对于行为的评价属于违法性的问题，不在构成要件之内；构成要件原则上也不含有司法的评价要素，但是法官对构成要件的“例外性”的评价是存在的。由此，迈耶仍然坚持了构成要件只具有无价值的记述性和客观性的观点。

---

① ［日］西原村夫著：《刑法总论（上卷）》，日本成文堂1993年版，第155页。

② ［日］曾根威彦著：《刑法总论》，日本有斐阁2008年版，第59页。

迈耶一方面主张违法是客观的，另一方面又主张存在主观的违法性要素。这是自相矛盾的。之所以出现这种矛盾，是因为他把构成要件相符性和违法性及责任并列起来考虑，同时在三者中间划出排他性界限这样一种体系性的动机。首先承认了在构成要件中包括规范要素和主观要素，但却没有从正面去加以肯定。构成要件符合性作为一种评价标准只关注行为抽象的客观方面，它是构成犯罪的一个条件。一个行为要成立犯罪还须经过违法性和有责性两个阶层的考察。而法律上的构成要件固然会包含主观方面的要素，因为它是一个犯罪成立的全部条件，是对犯罪的全面展示。但是，法律上的构成要件的主观要素的有无不是构成要件符合性阶段应该加以解决的问题，而是责任阶层需要加以解决的问题。只有这样理解构成要件才是该论者的真正见解。

（三）违法有责行为类型说

违法有责行为类型说认为，构成要件不仅包括违法性要素，还包括责任方面的要素，这使得构成要件的含义越来越丰富，使得构成要件承担了更多的功能。这样一来，构成要件不仅有违法推定机能，还具有责任推定机能。其提倡者小野清一郎讲道："构成要件是违法类型，又是责任类型，是违法有责的行为类型。在此意义上，它是不法类型，又是犯罪类型，并且不单纯是将行为违法类型化，而且同时也将行为责任类型化。杀人罪和伤害致死罪，明显属于不同的构成要件，它们的不同不就在于不同的责任类型吗？"① 陈家林教授对该论总结道："构成要件不仅是违法行为类型，而且是有责行为类型。其特色是，构成要件不仅具有违法性推定机能，而且具有责任推定的机能。与别的学说不同，违法有责行为类型说并非源于德国的理论，而是日本学者提出的学说。"② 对于其主张，

① ［日］小野清一郎著：《犯罪构成要件理论》，王泰译，中国人民公安大学出版社1991年版，第21页。

② 陈家林著：《外国刑法通论》，中国人民公安大学出版社2009年版，第138页。

小野清一郎认为需要考察其规范要素和主观要素得到证明，具体的做法就是考察刑法分则相应条款。所谓构成要件中的规范要素，是指构成要件中除了有确定的事实之外，还存在规范评价确定的部分。例如，"故意的"、"不法的"等完全是伦理的、道义的评价，还有"他人财物"的法律评价、"虚假文书"的法律评价，"猥亵行为"、"侮辱"之类的社会的、文化的评价。还有那些不是太明显属于规范要素的情况，在判断是否该当构成要件时，也需要背后的法的、伦理的评价判断。

主观构成要件要素的提出使违法性的判断对象不再仅仅限于客观的要素。行为人的主观方面，故意过失、目的等被以往理论认为是责任要素，并仅仅是被作为责任判断评价的对象，如今在该论中也被认为是主观的违法要素进而需要进行违法性的评价，那么主观构成要件要素的评价与违法性评价和有责性判断产生密切联系就是自然而然的结果。例如，麦兹格就认为："既认可构成要件中的客观要素又强调其中的主观要素，既不否认构成要件的描述意义又关注其规范评价内容，尤其是他将这些完全融合在构成要件中，确立了构成要件是客观要素与主观要素、描述要素与规范要素的基本观念。"① 构成要件与违法性、有责性的关系由原来的相互独立性、间隔性、相异性，转化为混合性、一体性。主观的构成要件要素、规范的构成要件要素概念的提出在大陆法系刑法理论中得到长足发展，显示出大陆法系的犯罪论体系已绝不可能如有学者所讲的那样："以处罚的合理性、必要性为基准的实质的判断，只要在查清是符合构成要件之后，在违法性以及责任的阶段进行个别、具体的判断就够了"。这样就彻底颠覆了大陆法系传统的"构成要件、违法是客观的，责任是主观的"的观念。那么构成要件该当性的判断就与违法性和有责性的判断紧密地联系在一起。在进行实质的违

① 张小虎：《大陆法系犯罪构成理论进程解析》，载《社会科学辑刊》2007 年第 3 期。

法性、主观的有责性判断之前，就不能将构成要件符合性视为形式上的、纯粹类型的判断，依照该论的思路，对构成要件符合性的判断一开始就进行不法和有责的综合的实质的判断。从这一点来看，大陆法系的构成要件的内涵与我国的犯罪构成概念有趋同的倾向。

但是该论有一些矛盾不能解决，我国有青年学者对此提出了自己的疑问："对于小野清一郎的这种解说，我不禁要问，既然构成要件既是违法类型，又是有责类型，它与违法性和有责性之间是'前面的'与'背后的'的关系，那么，我们对一个行为只作构成要件符合性一次评价不就完全可以判断违法性和有责性的有无了吗？再对同一行为进行违法性和有责性评价不是有重复评价之嫌吗？"① 责任能力的判断是积极的判断，而构成要件是不能判断有无责任能力的，责任是包括责任能力要素的，那么构成要件就不能对责任进行判断。违法性的判断是通过有无违法阻却事由而进行的消极的判断，但是责任的判断是不能仅仅通过是否存在责任事由这种消极的判断来进行的，如果构成要件包括违法性要素与责任要素，对于犯罪的成立与否，就可以通过仅仅是否该当构成要件来进行，那么是对阶层性的犯罪论体系的一个颠覆。"构成要件作为犯罪论体系的第一个要件，是通过明确侵害法益或引起法益侵害危害的行为类型来事前预防犯罪，并在行为人实施了该当构成要件的行为时，提示其已经具备了可以处罚的第一个条件。为了实现这一机能，就应当舍弃责任的要素。"② 构成要件符合性—违法性—有责性这么一个犯罪成立的判断标准就没有了存在的余地。

二、大陆法系的犯罪论体系

大陆法系最具有代表性的犯罪论体系是阶层性的犯罪论体系。

---

① 韩永初：《大陆法系犯罪论体系的嬗变》，载《河北法学》2007 年第 25 卷第 1 期。

② ［日］山中敬一著：《刑法总论》，日本成文堂 2008 年版，第 158 页。

目前在理论界处于通说地位的是三阶层理论，即犯罪论体系由构成要件符合性、违法性、有责性三个要素依次递进排列而成。还有强有力的观点将构成要件符合性和违法性合并为不法，与有责性形成了两个阶层，这就是所谓的二阶段犯罪论体系。大陆法系的犯罪论体系目前的理论成果经过了很长时间的发展才得以形成，其进程大致经过了三个阶段。

（一）古典的犯罪论体系

古典的犯罪论体系形成于19世纪末20世纪初，在此时期，自然主义的思潮正大行其道，受此思维方式的影响，该理论显示出了自然主义的精确性、可计量性。“将思想性的学术工作置于自然科学的精确性理想下。根据这个理想，刑法体系要被引导到可以计量的、从经验上可以证明的现实的构成部分上去。这种标准，要么只能是客观的外部世界的要素，要么只能是主观的内心在心理上的过程，因此，从这样的观点出发，由相互分离的客观因素和主观因素作为组成刑法体系的两个部分，这是很合适的。”① 其所说的客观因素和主观因素两部分就是指构成要件、违法性和有责性，其中构成要件、违法性是客观因素，有责性则是主观因素里面的内容。

具体而言，该论主张犯罪论体系应该由三部分组成，即构成要件符合性、违法性和有责性。构成要件是犯罪类型的轮廓，构成要件是确定可罚行为的基础，如果没有此便没有犯罪。那些非类型化的行为不是犯罪。从另外的角度来讲，所有符合构成要件的行为也并非都是犯罪。为了成立犯罪，那些实现构成要件的行为必须同时具有违法性和有责性。那么，构成要件就是记叙性的和客观的，它与规范要件相联系，但其自身没有经过任何的法律评价。行为符合构成要件，只是一种事实，是自然行为。经过这个判断以后需要再经过违法和有责的判断后，才最终能确定一个行为是犯罪。

---

① ［德］克劳斯·罗克辛：《德国刑法学总论》（第1卷），王世洲译，法律出版社2005年版，第123页。

可以看出，该犯罪论体系提供了一个清晰、明了的定罪标准，形式上的应为规范是犯罪成立首先要追求的一个目标，严格以法律条文为标准，强调对犯罪规格的外部描述，违法与有责的分离判断，进而形成了形式与实质分离、主观与客观分离的判断模式。构成要件符合性、违法性、有责性这三者的判断是各自独立的，具体表现在：构成要件只是纯客观的、无色的犯罪类型；违法性的判断是客观的、规范的价值评价；有责性仅仅是主观的判断。仅仅符合构成要件是不能推论行为具有违法性。违法性、有责性是构成要件之外的犯罪成立要件，它们与构成要件是完全分离的要素，构成要件、违法性、有责性三者之间没有直接的联系。行为符合构成要件的判断是自然的事实判断，行为的违法性判断依赖于规范标准，由违法性的要件独立完成；而行为人的主观内部要素，也仅由独立的有责性要件完成。

针对古典犯罪论体系有关构成要件中立性的特点，有的学者提出了很多的批评。这些批评者认为，既认为犯罪构成是客观的，同时又强调它是犯罪类型，作为犯罪类型，它就必然包摄犯罪的所有特征，不仅包括客观的行为，还应包括主观方面的要素。该论的提倡者贝林接受了上述批评，修改了自己的观点。他将自己原来所认为的作为同一概念的“构成要件”和“犯罪类型”进行了区分，作为两个不同的概念。犯罪类型是指刑法条文中所规定的类型化的行为及其未遂犯、共犯等现象形态的观念。构成要件是从刑法条文犯罪类型的观念中抽象出来的、对刑法所规定的犯罪类型进行规制，以确保其统一的“指导形象”。同时强调，构成要件与违法类型不是同一的，如故意伤害罪的要件，在客观方面是实现“伤害他人”的行为，在主观方面是实现“伤害的犯意”。而“伤害”这一事实，无论是对客观方面，即违法类型来说，还是对主观方面，即责任类型来说，均是共同的“指导形象”。

这样，贝林后期构成要件观点中同时包括主观方面和客观方面，具有更强的概括功能。但是，这时构成要件已经同他前期的犯罪论体系之第一组成部分的构成要件该当性所指的内容不相同了。如果以这种作为“指导形象”的主客观相统一的综合性的构成要件作为犯罪成立的第一个要件，那么势必导致后两个标准（违法性和有责性）在确定犯罪成立与否的问题上与第一个要件发生重复评价的问题，贝林后期的构成要件则说明了完整的犯罪行为是什么。这种意义上的构成要件类似于我国刑法理论中的作为犯罪成立的标准的犯罪构成。但是它不能作为犯罪成立的第一个要件，因为有了它犯罪即告成立，没有必要再用其他两个条件加以进一步说明。虽然构成要件这一概念具有了作为犯罪“指导形象”的作用，但是这种意义上的构成要件不能放回到它的犯罪成立体系之中了。就该体系而言，因为构成要件没有必要赋予其主观方面的要素，以使构成要件的犯罪类型化功能更加具体化，而是应该使其更加抽象化。例如，对于造成死亡的案件，构成要件不应该具有区分故意杀人罪、伤害致死罪和过失致死罪的功能。这样的任务应该留给有责性的判断阶层去完成，否则就没有必要在构成要件论之后再构建责任论了。

正是因为上述缺陷，古典犯罪论体系在20世纪30年代逐渐失去影响力。但是近年来，该论有崛起的趋势。日本的中山研一、浅田和茂等又重新采用古典的犯罪论体系。“用语上应区分构成要件与犯罪类型，构成要件作为体系的概念，始终应理解为从外部判断的客观事物，应当认为，构成要件是客观的违法类型，故意、过失是责任要素。”[①] 之所以出现这种现象，有众多的原因，其中当今的构成要件内容越来越复杂，包含了过多的规范和主观方面要素，使犯罪体系阶层性判断的特点越来越模糊，这是重要的原因之一。还有学者从另外的角度讲道：“其理论背景在于，意图对抗经过目的行为论洗礼的现代新古典学派的行为无价值论思路，固守将客观的因素归为构成要件与违法性，将主观的因素归为责任这一古典的

① ［日］浅田和茂：《刑法总论（补正版）》，日本成文堂2007年版，第96页。

体系。”①

（二）新古典犯罪论体系

新古典犯罪论体系建立在古典犯罪论体系基本框架基础上，但是又与后者不同，其理论背景是新康德学派有关“人不是物，而是主人”的这种内心的呼喊，基于此，该论对古典犯罪论体系的自然主义、实证主义的方法论进行了扬弃。在人类思考形式的种类里，新康德学派更能体现人类优先的观点，它指出在人类认识之前作为认识对象而存在于外部的事物，是无序的混沌，基于人类的认识之后，才被整理为有序、有意义的东西。“新康德学派成功地恢复了被自然科学思想等同于物的人类的主体性与权威，因而被世间热情地接受。”②

具体而言，该论的提倡者认为犯罪论体系也是由构成要件符合性、违法性与有责性构成，但各自的含义与相互间的关系与古典犯罪论体系不尽相同。

首先，M. E. 迈尔认为构成要件里面包含有规范的要素和主观的要素，在某种场合下，违法性是由主观要素所决定的，所以存在主观的违法要素。例如，医师出自猥亵的目的用手摸女患者的私处，或者教师因与学生的父亲有仇而故意惩罚学生等，只有考虑猥亵这种规范的要素和故意伤害的主观要素，才能真正把握构成要件，使上述看似正当的行为，作为猥亵罪、故意伤害罪的构成要件来看待。所以说，构成要件是违法性的认识根据，是烟与火的关系，是该论的必然结论。该论的另一提倡者梅茨格尔则赋予了构成要件更为丰富的内涵，将构成要件与违法合二为一，使构成要件符合性与违法性具有更紧密的关系。将构成要件和违法性共同称为不

---

① 陈家林著：《外国刑法通论》，中国人民公安大学出版社 2009 年版，第 124 ~ 125 页。

② ［日］西原春夫：《构成要件的概念与构成要件的理论》，陈家林译，载《法律科学》2007 年第 5 期。

法，除了特别的不法阻却事由外，就可以判断行为该当构成要件，构成要件该当性是违法性的妥当根据，也是实在根据。该论将构成要件的事实性评价与违法性的价值评价放在同一体系中进行了考虑。

其次，在违法性领域，该论认为应从价值意义上理解违法。违法性指的是实质违法性，这种违法性并非刑法条文所规定犯罪的客观方面类型化的外部规格，是一种文化规范评价，而不是法律条文评价。但是这种文化规范，是国家通过法律立法来体现的，这种违法是国家对文化规范在法律上的体现。

最后，在责任方面，该论提倡规范的责任论。有责性是与构成要件该当性、违法性并列的犯罪成立要件，它是符合构成要件且违法的行为可对行为人进行非难评价的一个独立特征。违法性从客观上说明行为应受非难的价值判断，而有责性是从主观上表述行为人应要受非难的价值判断。那么责任就是犯罪成立的独立的评价要件，说明行为人行为的道义、伦理意义，包括故意、过失等要素。对于其性质，有学者讲道："在紧急避险情况下，尽管行为人具备责任能力和故意，责任非难可予以否定，因为在当时以其他方法不可能避免生命危险的情况下，法秩序并不要求英雄行为。"①

新古典犯罪论体系一方面肯定构成要件、违法性、有责性三者之间是相互独立的，但另一方面在构成要件里发现了所谓主观的、规范的构成要件要素，那么其二者之间就有了矛盾，既然三者之间是独立的，那么构成要件就不可能有主观的、规范的构成要件要素，因为规范的构成要件要素是违法性领域的东西，主观的构成要件要素则是责任领域的内容。所以说如果承认构成要件符合性、违法性、有责性三者之间是相互独立的，那么就不能承认所谓的主观的、规范的构成要件要素。

---

① ［德］汉斯·海因里希·耶赛克、托马斯·魏根特著：《德国刑法教科书（总论）》，徐久生译，中国法制出版社2001年版，第256页。

（三）目的行为论的犯罪论体系

目的行为论的犯罪论体系是以现象学和存在主义哲学为理论基础的。它也是由构成要件符合性、违法性和有责性组成，由于它主张人的行为本质是有目的地追求活动，意思的内容是行为的本质要素，那么故意不再仅仅是责任的形式，它在构成要件阶段也就具有了重要意义。违法性的概念就出现了主观化，责任就分主观化和规范化。违法中的行为无价值就被提到了前面来了，与行为的结果相比，行为的形态对于犯罪的成立同时也具有了更加重要的意义。

该论的提倡者韦尔策尔认为，构成要件并非全是违法类型，不能仅以行为符合构成要件，即认定其违法性。如果说该当构成要件的行为具有违法性，是仅限于无相对的允许情形的情况。在违法性论上，主张主观的违法性论。仅存在法益侵害或侵害的危险，并不能说明违法性的本质。单纯法益侵害，并非刑法所要规制的，只有在侵害法益是由人的目的行为而引起时，刑法才予以规制。刑法上的一切犯罪所共同的不法，都是“行为无价值”，违法性的判断，在本质上也是行为无价值。而结果无价值，仅仅是行为无价值的一部分要素。在责任论中，韦尔策尔主张规范责任论。责任是对于对象的评价，如果将作为评价对象的“认识”、“意欲”也列入责任之中，则是概念上的混淆。他认为，故意并非责任的标示，而只是与责任有关而已。故意不是责任的要素，它是行为的要素，同时也属于构成要件的主观的违法要素。

既然该论使故意、过失成为构成要件要素，而不是责任要素，那么在责任的阶段需要考虑的是什么呢，仅仅考虑“期待可能性”内容吗？这与一般意义上理解的责任不相符，因为故意和过失是责任方面当然要考虑的内容，该论仅仅考虑期待可能性来对责任进行判断不符合正常人的思维方式。并且韦尔策尔在对违法性、有责性进行判断时，也是考虑违法性阻却事由和有责性阻却事由，这与以前的犯罪论体系判断是一样的，这是该论不能够解决的重要矛盾。但是，该论的优点也是明显的，其提倡的行为无价值非常值得肯定，全面、综合地判断一个行为是否构成犯罪，具有全面性，更适合我国的刑法现状。

三、对大陆法系阶层的犯罪论体系的评析

大陆法系犯罪成立理论的三阶层体系对于刑法的公正与功利两者如何协调和取舍方面有着内在的合理性，其合理性正是来源于该理论内涵的丰富和对其深入细致的研究。该体系非常注重理论的抽象研究，其理论上的思考过程——从构成要件符合性至违法性再到有责性，有着不可逆转、严密的逻辑顺序，使得犯罪成立理论上叙述，与实务中认定犯罪的过程大致保持一致，反映了理论的“实践品格”。时至今日，尽管构成要件符合性及违法性两个阶层的因素中已包含了过多的主观性和规范性因素，但构成要件符合性、违法性再至有责的层层递进，体现的是一种从客观到主观为主的评判过程和顺序，是对犯罪认定这个过程的科学总结，其阶层性的思考方式，有利于人权的保障及罪与非罪的界定，具有与诉讼法易于结合的优点。

但大陆法系的三段论发展至今日，也存在不少问题。最突出的就是构成要件越来越实质化，其内涵承载了过多的内容，进而使违法性判断和有责性判断失去了存在的意义，那么就可能使原来传统的构成要件该当性、违法性、有责性三阶层、判断变化为仅作构成要件该当就足矣的结果。对此，有不少学者作了精辟的论述，如有获得德国法学博士学位的我国台湾地区学者说道：“三阶段的评价模式，其评价标准的具体内容，已经变得模糊不清，且整个架构已经不完整，或可说已经名存实亡。在行为的整体评价关系，所判断不法与罪责关系，已经有所变化，不法的认定必须在构成要件该当性即须判断，否则不法内涵将无法确定，连带罪责亦陷入问题。”①

① 柯耀程著：《刑法行为评价架构的演变及省思》，中国政法大学出版社 2003 年版，第 43 页。

同样，许发民教授经过详细的分析后也得出了相似的结论：“贝林所确立的评价模式，在整个刑法学理的发展过程中，由于主观要件的发现，原本属于罪责的行为主观要素，已然被提至构成要件之中，构成要件的属性乃产生结构性的变化，且此种变化并非仅为量的变化，而系质的变化……原本属于违法性判断的评价问题，又因构成要件中规范性要素的发现，在行为的客观评价问题上，乃从违法性阶段跳至构成要件之中……由上足见，大陆法系三阶段的犯罪构成论已陷入重重矛盾、难以自圆其说之中。”① 从上述学者的分析和结论也可以看出，大陆法系的三阶论也并非尽善尽美，也有需要完善的地方。

第二节　平面型的犯罪构成：以苏俄和我国的犯罪构成为例

一、前苏联和俄罗斯的犯罪构成

前苏联成为第一个社会主义国家政权之后，为了区别于当时其他资产阶级的法律，创建了自己的法学理论。就犯罪构成理论而言，在大陆法系三段论的基础上，提出了四要件说的犯罪构成理论。与当时大陆法系的理论不同，前苏联的刑法学者是将犯罪作为主观和客观要素的综合来理解。有学者讲道：“犯罪构成包括犯罪的外在客观因素和内在的主观因素两个方面并把它理解为犯罪概念中包括的一切犯罪特征的整体。”② 可以看出该时期的刑法学者认为所谓犯罪就是外部和内部的突出的特征或条件的总和。前苏联的犯罪构成有四个要件组成。这些要件分别是犯罪构成的犯罪客体、

① 许发民：《二层次四要件犯罪构成论》，载《法律科学》2007年第4期。

② ［前苏联］A. H. 特拉伊宁著：《犯罪构成的一般学说》，王作富等译，中国人民大学出版社1958年版，第17页。

犯罪主体、犯罪构成的客观方面、主观方面，行为具备犯罪构成是负刑事责任的唯一根据。犯罪构成的客体是犯罪行为所侵害的苏联现存的社会主义社会关系，后被细化为三类：一般客体、同类客体和直接客体。犯罪主体是指达到一定年龄的有责任能力的人。犯罪构成的客观方面是指危害行为的客观特征，包括危害行为的作为或不作为，犯罪结果，行为与结果间的因果关系，行为的社会危害性和违法性。犯罪构成的主观方面是指行为人在行为时的故意或过失形式的罪过以及目的和动机等。

后来经过一定的发展，前苏联的学者对犯罪客体进行了深入的研究，他们认为犯罪客体应由三部分组成：一是主体之间在社会中相互间的关系，具体表现为社会地位、政治地位、个人状况和主体对其他社会成员的相关态度；二是社会关系的主体；三是各个主体社会关系的组成的外在表现，如物质的、精神的和生活的等。

时至今日，俄罗斯主流的观点仍然是四要件说的犯罪构成理论，但又有了新的发展，对某些理论作了细致的研究。其主流观点认为，犯罪构成是行为的必要客观要素和主观要素的体系，体现了行为的社会危害性。它由相互联系的分体系及其要素组成。缺少任何一个分体系或者要素都会导致整个犯罪构成的不存在。犯罪构成要素是犯罪构成“体系”的组成部分，是其基础的分支。犯罪构成要素由刑法总则和分则予以规定。总则规定了所有犯罪构成一致的要件。犯罪构成要素要件则是由分则规定的。其中犯罪构成要素包括在主体、主观方面、客体、客观方面四个分体系中。

犯罪主体是指犯罪人的身体特征，如年龄、心理健康状况、责任能力。在某些犯罪中，还包括公职人员、军人等身份。

主观方面包括罪过、动机、目的、情绪状态等要件。

客体是指作为犯罪的客体刑法所保护的客体，包括社会关系、社会利益。具体是指：个人的健康、个人利益，社会权利，社会和国家的政治利益和经济利益以及整个法律秩序。当然，犯罪构成具体是指客体中由于侵害的结果而发生有害变化的部分。

客观方面是指行为要件，即侵害并给客体造成损害的作为或不作为的要件。还包括实施犯罪的环境、地点、方式、工具。

研究俄罗斯刑法的赵璐博士就俄罗斯的犯罪构成讲道："犯罪构成既是行为人承担刑事责任的唯一根据，也是认定行为人行为是否成罪的法律评价体系与法定模型，它与犯罪概念、刑事责任之间具有紧密辩证的关联。在犯罪认定中，其重要性与犯罪概念不分彼此，但与犯罪概念、刑事责任二者不同之处在于犯罪构成具有一定的现实指向性与具体性。"①

二、我国的犯罪构成

我国犯罪构成理论体系脱胎于前苏联的刑法理论，一般认为由犯罪客体、犯罪客观方面、犯罪主体、犯罪主观方面组成，一个行为同时具备了上述要件，就构成了犯罪。有学者从模式上形象地称为"齐合填充"式，笔者称为平面的犯罪构成模式。其中犯罪主体是指实施严重危害社会行为的具有刑事责任能力的自然人和法人。其中刑事责任能力指的是行为人在刑法意义上辨认和控制自己行为的能力。而精神障碍、刑事生理醉酒、责任年龄、生理缺陷等都是影响刑事责任能力的因素。犯罪主观方面指行为人对自己的危害行为及结果所持的心理态度，包括犯罪故意、过失及犯罪目的和动机。犯罪客体是我国刑法所保护的而为犯罪行为侵害的社会主义社会关系。② 犯罪客观方面指的犯罪行为的外在的客观表现方式，如危害行为、危害结果，还有危害行为实施的各种客观条件，如地点、时间、方法和手段等。

时至今日，我国的犯罪构成理论基本观点已经达成一致，但就

---

① 赵璐：《当代俄罗斯犯罪认定理论基础问题研究——兼论其对中国犯罪构成理论研究的启示》，吉林大学博士学位论文 2008 年印，第 50 页。

② 通说认为，犯罪对象是指犯罪行为直接作用的具体的人或物。二者是有区别的。犯罪客体任何犯罪都不可缺少的构成要件，而犯罪对象仅存在于部分犯罪中。

犯罪构成的属性而言，有法律说、理论说、综合说等观点。

其中法律说认为，犯罪构成是由法律条文所规定的，或者根据刑法而确立的成立犯罪的标准。具体又分为总和说和有机整体说。

总和说认为，犯罪构成是我国刑法规定的主观要件和客观要件的总和。具体的表述又有所不同，有人认为，犯罪构成就是法定的某组具体的行为的主客观要件的总和；有人则认为，犯罪构成是刑法所规定表明行为人危害行为应受到刑罚处罚所必需的主客观要件的总和；有人认为，犯罪构成是我国刑法条文所描述的决定具体行为的社会危害性及其程度，而为该行为构成犯罪所必需的主观要件与客观要件的总和；还有人认为，犯罪构成就是刑法规定的行为构成犯罪所必须具备的主观要件和客观要件的总和。但是无论怎样的表述方式，其中心思想就是说犯罪构成是由法律规定的所有的主观和客观要件的总和。

有机整体说认为，犯罪构成仅仅表述为"主客观要件的总和"不太严谨，没有说明四要件之间的关系，因为如果要断定一个行为构成犯罪，还要强调犯罪构成中的四个要件谁也离不开这样的有机关系。具体表述为："犯罪构成是我国刑法所规定的，决定某一行为成立犯罪所必需的一切客观要件和主观要件的有机统一整体。"① 还有人说道："犯罪构成是指我国刑法所规定的，决定某种行为构成犯罪所必须具备的客观要件和主观要件的有机整体。"② 又有人表述道："所谓犯罪构成，是指我国刑法所规定的，由相互联系相互作用的诸要件组成的具有特定的犯罪性质的社会危害性的有机整体。"③ 持该论的学者在表述犯罪构成的一个共同特点时就是强调"有机性"，其有机性的含义主要是就四要件之间的相互关系而言，特指四要件之间有机和谐的组成关系。

---

① 马克昌主编：《犯罪通论》，武汉大学出版社 1999 年版，第 56 页。

② 赵长青主编：《新编刑法学》，西南师范大学出版社 1997 年版，第 77 页。

③ 何秉松著：《犯罪构成系统论》，中国法制出版社 1995 年版，第 106 页。

认为犯罪构成是理论说的观点将犯罪构成视做刑法学根据刑法具体条文规定并结合司法实践对法律条文进行研究而作出的一个理论概括。它本身不是法律条文所规定的，不是由国家的权力机关对法律条文所作出的解释，而是经过理论与实践的结合，对我国现行刑法所规定犯罪的各种要件的概括与说明。但是，有学者还注意到该观点并没有将犯罪构成仅仅视为理论，同时还有法律规定的因素在里面。她讲道："同时认为犯罪构成的概念可以表述为构成犯罪的客观条件与主观条件的统一，这是构成犯罪的基本界限，基本规格。而构成犯罪的基本界限、基本规格都只有在刑法中才能规定，因而这种表述又使犯罪构成具有了法律的意义。"①

综合说则认为犯罪构成既是法律规定又是理论概括。行为构成犯罪所必须具备的一切客观与主观要件的总和，是构成犯罪的规格和标准，是行为人负刑事责任的法律根据，这里强调的是其法律属性。犯罪构成理论是关于制定、说明和运用构成犯罪规格的理论，它以犯罪构成为研究对象，是对刑法规定的构成犯罪的要件进行理论概括与说明，强调的是其理论属性。② 同时该观点还认为，虽然犯罪构成有法律、理论的双重属性，但是由于法律和理论不同的特点，造成两种属性不具有同一性，这种非同一性具体表现在犯罪客体上，因为刑法分则条文甚少有犯罪客体的相关规定，但作为犯罪构成的四个要件之一，无犯罪客体，就失去了刑法条文所规定行为成立犯罪的根据和犯罪构成作为判断行为是否构成犯罪的根据，但是作为理论的犯罪构成，都可以将法律没有规定的犯罪客体，通过理论上的归纳总结出来。进而得出结论，犯罪构成法律与犯罪构成理论之间的不同功能与特点说明，犯罪构成理论更具有层次性，为了达到指导立法或评判立法的目的而去研究犯罪构成理论的时候，应不仅限于具体的法律规定，应放开视野、拓宽思路，研究应然问

---

① 李洁：《法律的犯罪构成与犯罪构成理论》，载《法学研究》1999 年第 5 期。

② 李洁：《法律的犯罪构成与犯罪构成理论》，载《法学研究》1999 年第 5 期。

题；同样，为了指导具体的司法而研究犯罪构成理论时，则立足于法律条文的规定，研究已然问题。在研究法律的犯罪构成时，应完全以法律条文为依据，研究实际发生的行为是否符合法律的相关规定。

三、平面型犯罪构成的评价

通过对平面型犯罪构成理论体系的分析，可以看出其既有优点，又有不足。优点是通俗易懂，比较容易把握，且有丰富的实践经验、案例及理论予以支撑，同时又没有大陆法系关于构成要件究竟是形式的好还是实质的好的那样的疑惑。所以无论是国内的还是国外的都有学者予以支持。例如，有日本的学者讲道："近来刑法学已发展至基于甚为缜密的规范论理学的理论。可是，过于形式主义的方向也使得刑法学的整体变得难以看透。现在，在讲解刑法学的时候，我们应该鸟瞰其全体。采纳如本书的犯罪论构成的教科书未必很多，但今后如果至少能够成为针对规范主义刑法学反省的话，就很好了。"①

但是也有学者指出了平面型犯罪构成体系的缺点。一是对于正当防卫、紧急避险等事由在犯罪构成中无法处理，导致犯罪构成是判断一个行为是否构成犯罪的唯一标准这一命题不能成立。例如，有学者讲道，我国刑法理论界认为犯罪构成是刑事责任产生的唯一根据，如行为满足了犯罪构成要件，就毫无例外地成立犯罪，换句话讲就是某一行为不构成犯罪也是其不具备犯罪构成要件。可是在司法实践中，罪与非罪界定，除了犯罪构成之外，还存在两个辅助性标准，即正当防卫、紧急避险等犯罪阻却事由和犯罪概念。后者否定了行为的社会危害性将行为排除出犯罪圈，从而在事实上分割

① ［日］夏目文雄、上野达彦著：《刑法学概说（总论）》，日本敬文堂2004年版前言。

了犯罪构成的罪与非罪的评价功能，导致了罪与非罪认定标准的混乱。[①] 二是在罪与非罪的界定过程中缺乏层次性，有可能会扩大对犯罪的认定，进而导致刑法过多地妨碍人民的生活。例如，有观点讲道，目前中国的犯罪论体系，缺乏评价的层次性，主观要件和客观要件同样重要，看不出哪一要件需要优先评价，人们会优先考虑主观罪过的存在。直接后果就是人们先考虑主观要件，后考虑客观要件，极易将没有法益侵害但行为人主观上有恶性但不是实行行为的身体动静作为犯罪处理，进而人为地扩大未遂犯的成立范围。[②] 三是我国的犯罪构成不是开放的犯罪构成，而是封闭的犯罪构成，不利于犯罪人辩护权的实现。持该论的学者讲道，我国封闭的犯罪构成体系留给被告人合法辩护的空间非常狭小，被告人难以平等地与代表国家的公诉权进行对话与交涉、充分表达自己的意见。势必致使诉讼活动在很大程度上成为权威单方主导的定罪过程，中立判断的对抗制模式功能难以得到实现。[③] 四是将犯罪客体作为犯罪构成要件之一，会导致先入为主地认定行为为犯罪，对辩护方不利，不能体现“刑法不仅是善良人的大宪章，同时也是犯罪人的大宪章”这一旨趣。有学者具体讲道，通说的刑法理论将客体作为犯罪成立的第一个条件，所谓客体就是刑法所保护而为犯罪所侵害的社会关系，这就是实质性的价值判断。此判断一旦完成，行为就被定性，被告人无法为自己进行辩护。这是一种过分强调国家权力的做法，它会导致一系列危险，不利于保障人权和实现法治。[④]

通过对大陆法系阶层性犯罪论体系和我国的犯罪构成理论的分

---

① 聂昭伟：《论罪与非罪认定标准的统——兼论犯罪构成体系的完善》，载《刑法评论》第7卷。

② 周光权：《犯罪构成理论：关系混淆及其克服》，载《政法论坛》2003年第6期。

③ 田宏杰著：《中国刑法现代化研究》，中国方正出版社2000年版，第361页。

④ 周光权：《犯罪构成理论与价值评判的关系》，载《环球法律评论》2003年秋季号。

析，笔者发现，大陆法系的犯罪论体系发展至今日，其构成要件的确承载了过多的内容，其评价标准已然模糊不清，整个架构已经不完整，不再具有作为罪与非罪界定标准的意义，但是在其认定过程中的科学的、阶层性的思考方式等优点也是客观存在的；我国的犯罪构成理论具有明快、清晰、易于把握等优点，但上述学者指出的缺点也是客观存在的。

第三节　犯罪构成的改造

针对上述我国犯罪构成理论的缺点，有学者提出了自己的改造方案，这些方案大致分为三个方向，直接移植大陆法系的三阶层论、在坚持平面犯罪构成的前提下对其进行修改、不同于三阶层论的阶层性犯罪论体系。

一、直接移植论

直接移植论的主要代表是陈兴良教授。其主要标志是2009年的国家司法考试推荐教材里采取了大陆法系的三段论和其2009年版的刑法学教科书中直接采取了大陆法系的三阶层的犯罪论体系。

在国家司法考试辅导用书中的刑法学部分有如此的说明：“本书虽然按照三阶层体系展开论述，但丝毫不会增加考生负担。一方面，考试的具体范围（知识点）仍然与上一年相同；另一方面，有关犯罪论体系本身的问题不会作为考试内容。换言之，考生只需关注三阶层体系内的知识点，而不必关心三阶层体系本身。”① 该辅导用书在犯罪论体系的撰写上，彻底、完全地采用三阶层的犯罪论体系，认为违法性（法益侵犯性）和有责性（非难可能性）这两个特征是整个犯罪论体系的两根支柱。在刑法各论中个罪构成要

① 参见《国家司法考试辅导用书（修订版）》第二卷，法律出版社2009年版，第16页。

件的解释上，也基本上采用了德、日刑法教科书的编写体例：主体—行为—对象—罪责。

在其2009年版的教科书中也明确指出我国刑法关于犯罪成立条件的规定，与大陆法系国家刑法的规定之间并无太大的差异。但在犯罪构成理论体系上却存在天壤之别，由此可见，犯罪论体系完全是一个理论建构的问题。因此，在现行刑法的框架下，直接采用大陆法系的犯罪成立理论体系，不存在法律制度上的障碍。我们还应该注意到，在20世纪初国民党统治时期的中国，刑法学关于犯罪成立的理论，完全是以大陆法系的递进式结构为模型建立的，刑法学教授和初学刑法学的人对于接受这样的理论，并不存在思维上的障碍。所以，中国法律总体上可以被归到大陆法系的范畴，或者说我们与大陆法系的理论和制度具有某种亲缘性，以大陆法系的犯罪论体系为基础，建构中国刑法学中的犯罪成立理论，并非没有可能。①

陈教授直接移植的观点是对我国现有犯罪构成理论缺点的一种直接反映，其观点有学者持积极认可的态度，但是由于其观点过于超前，与我国刑法发展的现状有实际上的矛盾，也导致了一些批评。持积极认可态度的中国人民大学法学博士付立庆表示，在一些普通刑事案件中，两种犯罪理论构成没有明显区别。“但在一些疑难案件中，三阶层理论的优势就体现出来了。一是更严密，二是体系强。”清华大学法学院副院长周光权也认为，如今占主流地位的犯罪构成“四要件说”是新中国成立后我国全方位学习苏联的产物。虽然简洁明了、便于司法实务操作，但由于其拼凑式的逻辑架构，使其面对现实中的疑难案件时往往束手无策，在客观上也造成了我国与国际刑法学界在共犯、紧急避险等问题上对话的困难。周光权表示，最近他对此问题将有一篇近两万字的论文发表。对于阶层化体系，周光权也是倡导德日刑法学说的学者之一。

① 陈兴良主编：《刑法学》，复旦大学出版社2009年版，第1页。

持批评意见的高铭暄教授认为，四要件理论之所以具有现实合理性，一个更重要的原因在于，中国并无大陆法系或英美法系的历史传统。此外，目前大陆地区尚不存在这样的知识阶层，内地无论司法人员还是理论研究人员，主要是依托国内教育，学习中国刑法学理论成长起来的，不具备学习、研究德日刑法学理论的语言基础、知识结构。“在这种现实面前，强行要求大陆刑法学者放弃已耕耘多年的中国刑法学理论，转而移植德日刑法学，很难说不是一相情愿。”①

从以上学者的观点可以看出，直接移植大陆法系的三阶层犯罪论体系，目前在我国还不具备条件，并且其本身所固有体系前后冲突、构成要件内涵过于丰富、唯体系论进而偏离司法实践的缺点依然存在，这也决定了直接移植论无论在应然的状态还是实然的状态都不适宜我国的刑法理论。

二、坚持平面思维的改造方案

持该观点的黎宏教授针对有关学者对我国犯罪构成理论所指出的缺点提出了自己的质疑。针对罪与非罪认定标准混乱，内容相互矛盾的缺点，他认为这是有关学者对有相关概念错误理解的后果，所以说这个缺点是不存在的。“在我国，犯罪构成尽管与德日构成要件在名称上类似，但二者具有完全不同的内容。我国刑法中的犯罪构成是刑法所规定的、决定行为的社会危害性程度而为该行为成立犯罪所必要的所有主客观要件的有机统一，它包含了德日刑法中有关犯罪构成要件符合性、违法性和有责性的全部内容。”② 所以说他认为这是有关学者将我国的犯罪构成与大陆法系构成要件等同后的结果，而实际上，我国的犯罪构成理论是包括了大陆法系的构成要件该当性、违法性、有责性的全部内容。针对我国犯罪构成没

---

① 参见2009年6月4日《东方早报》。

② 黎宏：《我国犯罪构成体系不必重构》，载《法学研究》2006年第1期。

有阶层性思考的指责，也是因为对我国的犯罪构成没有真正的理解，而实际上，在目前的犯罪构成理论下，也是可以其进行阶层性思考的。“即便是在我国的所谓平面式犯罪构成体系中，也同样可以体现论者在判断层次性方面的主张，同样表现不同学者的价值趋向和逻辑导向，这是不容置疑的。这样说来，认为我国的犯罪构成体系是平铺直叙、没有层次性的观点，值得商榷。”① 进而，黎宏教授认为，我国的犯罪构成理论没有致命的缺陷，还是有生命力的，现在所要做的，仍然是在坚持四要件的前提下，对其进行一些必要的改良。“这些问题并未对现有的犯罪构成体系形成致命威胁，完全可以通过改良或者重新理解来加以解决。笔者认为，在各国目前关于如何判断犯罪均无绝好的方法的现状下，针对我国现有犯罪构成体系的不足，可以进行一些温和的改良，而没有必要对现有的犯罪构成体系大动干戈，推倒重来。”②

曲新久教授认为我国的犯罪构成是有缺陷，也需要进行改造，但还是要保持平面的思考方式，他认为犯罪成立的条件应该包括客观罪行和主观罪责两个部分。罪责与罪行是犯罪的两个基本面，是犯罪成立的两个基本条件。其中罪责是犯罪主观面的事实与评价的统一，包括刑事责任能力、故意、过失、目的与动机等具体的要件，统一称为主观的构成要素。罪行是犯罪客观面的事实与评价的统一，包括实行行为、行为方法、行为手段、行为工具、行为结果、因果关系、行为对象等客观的构成要素。③ 该观点虽然将四要件改为了两要件，但实际上是将传统的四要件里的构成要件要素整合为了两个方面的要件，实质上还是一种平面的犯罪构成理论，从某种意义上来讲，通说的犯罪构成四要件说的缺点，在该论中还依然存在。

---

① 黎宏：《我国犯罪构成体系不必重构》，载《法学研究》2006 年第 1 期。

② 黎宏：《我国犯罪构成体系不必重构》，载《法学研究》2006 年第 1 期。

③ 曲新久著：《刑法学》，中国政法大学出版社 2009 年版，第 75 页。

三、阶层性的犯罪论体系改造方案

该类观点借鉴了大陆法系阶层性认定犯罪的思维方式，但是又提出了与大陆法系不一样的犯罪体系。

许发民教授提出了二阶层四要件的犯罪构成理论，他认为我国目前的四要件说是科学的，不必推倒重来，而只需要对这四个要件作阶层性的思考即可，具体而言，认定犯罪分为两个阶层，首先要考虑犯罪主体、主观方面、犯罪客观方面，之后进行第二阶层的考虑，就是对犯罪客体进行判断，同时将正当防卫等排犯罪化事由纳入到犯罪客体里来，正当防卫等行为之所以不构成犯罪就是因为其不是犯罪客观，进而其不符合犯罪构成的四个要件，最终得出其不构成犯罪的结论。“犯罪构成要件实际上被区分为两个层次的结构。其中第一个层次由犯罪客观要件、犯罪主体和犯罪主观要件三个要件组成，主要起入罪即推定犯罪成立的功能；第二个层次是犯罪客体要件，涵括了不存在犯罪客体的正当化行为等情形的犯罪客体认定的内容，实际上通过行为正当化的事由起到了收缩可以成立犯罪范围的作用，即明显的出罪功能。这样一来就使犯罪构成不仅具有了明显的阶层（梯）性，而且具有了递进收缩的功能。”① 该观点既保持了四要件说，改造成本较小，易于理论界和实务界接受，又吸收了阶层的思索方式，符合认定犯罪的思维过程，易于保障人权的实现，具有明显的优点。

张明楷教授提出了两要件说，犯罪成立的条件包括客观要件和犯罪主观要件，与曲新久教授两要件说不同的是作阶层性的认定方式。他的主要思想是认定犯罪必须由客观到主观，要先考虑行为的客观违法性，然后再考虑行为人的主观有责性，这同时意味着在问题思考与体系思考对立时，避开体系性的思考而注重问题性的思

① 许发民：《二层次四要件犯罪构成论》，载《法律科学》（西北政法学院学报）2007年第4期。

考。“认定犯罪必须从客观到主观，而不能相反；违法性不是由故意、过失决定的，而是由结果、行为等客观要素决定的，主观要素是为了解决主观归责的问题，即在客观地决定了行为性质及其结果后，判断能否将行为及结果归咎于行为人，这便是故意、过失等主观要素所要解决的问题。”① 细观张明楷教授的观点，可以看出他刻意要解决大陆法系构成要件承载了过多的内容和主观、规范的判断的缺点，而将构成要件予以取消，直接以客观要素取代，但又保留大陆法系从客观到主观的阶层思考方式。换言之，他的犯罪论体系虽然是以犯罪的客观要素和主观要素冠名，但实际上就是违法性、有责性这两阶层的判断，仅仅将构成要件该当性判断消融入犯罪的客观要素里面而已。

周光权教授则提出自己的三阶层犯罪论体系，他将犯罪成立要件分为犯罪客观要件、犯罪主观要件和犯罪排除三个阶层。“在我的犯罪客观要件、犯罪主观要件、犯罪排除要件体系中，犯罪客观要件主要讨论实行行为、危害后果、因果关系，行为的时间、地点、方式等反映犯罪客观方面的构成要件要素。犯罪主观要件主要讨论犯罪的故意、过失、认识错误、无罪过的事件以及犯罪的动机、目的等构成要件要素。犯罪排除要件则研究违法性阻却事由和责任阻却事由。”②

该论的主要观点其实都是大陆法系构成要件该当性、违法性、有责性犯罪论体系的简单变化而已，实质上还是三段论，与我国理论界与实务界长期应用的四要件犯罪构成理论相差甚远，在实际的应用过程中变造成本过高，其实用性到底如何还是一个未知数，因而也是不可行的，至于二阶层的四要件说虽然具有显著的优点，但是其将排除犯罪化事由放入到犯罪客体里来考虑，这与传统的犯罪客体概念远不相符，也不符合认定犯罪的逻辑思维规律，同样不

① 张明楷著：《刑法学》，法律出版社2007年版，第99页。

② 周光权著：《犯罪论体系的改造》，中国法制出版社2009年版，第281页。

可行。

第四节　平面与立体的超越——四要件的有机性

法律是活生生的社会存在，社会才是真正的法律提供者，对法律完美目的（公平与正义）的追求是决定性因素，我们的社会生活是不断变化和不可预知的，刑法中的犯罪构成理论作为法律重要的组成部分，需要我们不断地赋予其新的内容，以防止犯罪构成成为一种僵化的犯罪标准，进而与公平、正义南辕北辙。实际上，我国现有的犯罪构成理论存在这方面的缺点，具体表现为排除犯罪性事由在犯罪构成理论中位置的缺失、认定过程的非阶层性思考与实际司法对犯罪认定过程的矛盾等，为了克服此种现象所带来的负面影响，需要我们重新解读犯罪构成。那么，在我国犯罪构成的基础上，吸取大陆法系阶层性思考的思维方式，保留我国的犯罪构成理论，将两类犯罪论体系作一个有机的结合，取其各自的优点，摒弃缺点，从而对罪与非罪界定标准作一个整合，未尝不是一种思路。其实笔者在前文中对事实行为的提出，也正是对大陆法系阶层性的认定犯罪思绪方式吸收的一个事实前提，有了事实行为的存在，才可以将犯罪的认定作阶层性的思索。

犯罪构成之四个方面的有机结合要同时考虑两点：一是四方面要件的结合，二是四方面要件结合是否具有有机性，只有两者同时考虑才是四个方面要件的有机结合。

首先是四方面要件结合的要求，这一点已被我国传统犯罪构成理论充分吸收，同时也是罪刑法定的具体体现之一。对于形式性的重要性，耶林讲道："形式是任性的世敌，是自由的姐妹……确定的形式是纪律和秩序的集体，因而是自由本身。它们宁为玉碎，不为瓦全，因而是防御外部攻击的屏障。一个真正懂得自由意志的民族会出于本性发现形式的价值并且直觉地认为形式不仅仅具有并坚持某种纯外界的东西，而且是民族自由的保护神。"[①] 还有学者讲道："形式主义的好处在于形式之于法律契约就如同印纹之于货币。印纹不仅表明了货币的价值，而且采取了一种权威的、易于识别的方式。我们往往很难确定一个人所说的究竟是表达了他在某件事情上的倾向还是完全为了订立一个契约，对于所谓犯罪也是这样，没有形式上的要求只会造成罪刑擅断的后果，而采用某种形式来衡量就会使这一问题迎刃而解。"[②] 我国现有的犯罪构成理论已经对此予以了关注，吸取了形式的合理性。

而有机性的考虑是指要实质地对犯罪进行分析，就是犯罪本质在犯罪构成中的实质性的体现，它是对规范的违反；实质的考虑也是对司法专断的拒绝，也是为了实现实质的正义。实质结合在犯罪构成上的体现就是"有机性"，这就需要对"有机性"的内涵进行充分的解读。

一、有机性犯罪构成的主要内容

所谓有机性，即借用有机体生长和修复的概念，为保持其平衡、和谐和整体性，任何生命系统都需要经常自身修复。对于有机体来说，只有经常的修复，化学方面的调整，细胞的替代，以及受损组织的愈合，才能保持其机体的基本形态。[③] 将其应用到社会学中主要是指社会各个成员间的关系，以及平衡、稳定的状态。"英国的斯宾塞认为社会如同生物一样，社会的分工类似于动物机体各个器官的分工。动物机体的各种器官的机能是相互配合的、均衡的，正是由于各种器官机能的均衡，才使生物机体处于一种稳定

---

① 2 Geist des romischen Rechts(6 and 7 ed. 1923).

② Brantly, Law of contract(2 ed. 1912)122.

③ ［美］C. 亚历山大、M. 西尔佛斯坦、S. 安吉尔等著：《俄勒冈实验》，赵冰、刘小虎译，知识产权出版社2002年版，第33页。

的、均衡的状态，使动物机体能够正常地生存、进化，社会也是如此。”[①] 从上可以看出，有机本身是生物、化学领域的概念，后来有学者将其应用到社会学中，并应用到了刑法学的领域中来。从有机本来的含义来讲，其包含了两层意思。第一，相互联系特点。主要是指某一领域各要素之间的相互关系，该领域不是各构成要素的简单累加的结晶体，而是各要素之间相互联系、相互作用的活动的整体。第二，发展特点。在某一领域内部的各要素是在不断地发展和变化的，正是在各要素相互作用的动态过程中，实现了均衡、稳定、有序、相互依存，最终使该领域实现平衡、和谐的整体存在状态。从上述有机性的含义出发，可以得出犯罪构成是犯罪四方面要件的有机结合，那么其必然也具有有机性的相互联系特点和发展特点。具体而言，相互联系特点就是指犯罪构成四方面要件之间具有非常紧密的联系，犯罪不是各犯罪构成要素的简单累加，而是各构成要素之间相互联系、相互作用的一个行为，缺少任何一个要件，其他三个要件都失去了存在的意义，进而行为不构成犯罪。发展特点则是指犯罪构成理论不是一种僵化的理论，而是时刻与社会现状相联系的系统，当犯罪构成理论在司法实践和理论中不能发挥作用时，就需要对其概念和具体的构成方式进行更新，赋予其新的含义。进而使犯罪构成同法律的公平、正义目的相适应。

有机性的“相互联系特点”已为我国通说的犯罪构成理论所吸取，而“发展的特点”要求对我国的犯罪构成理论进行新的解读。将正当防卫等排除犯罪化事由纳入到犯罪构成理论中来，作为有机性的具体判断标准，也是有机性本质特点的需要和体现。

从另一方面来看，构成要件本来是在程序意义上来使用的，是施蒂贝尔和费尔巴哈才赋予它实体法上的意义，既然刑法理论中最重要的构成要件理论都可以这样变迁，那么作为四个构成要件结合

---

① 转引李雄舟：《马克思的社会有机论及其现实意义》，载《郑州航空工业管理学院学报》（社会科学版）2009 年第 28 卷第 4 期。

的有机性的含义同样也可以赋予其更加丰富的内容。

有机性犯罪构成是指在判断一个行为是否构成犯罪时，分两个阶层进行。第一层的考虑是四个要件的机械结合（形式）；第二层的考虑是四个要件的结合是否具有“有机性”（实质），而是否具有有机性的标准可以由社会的相当性、期待可能性等理论来担当。只有经过了这两层的考虑后，才真正地符合犯罪构成，才是犯罪四个方面构成要件的有机结合。所以说行为符合犯罪构成是因为其符合四个方面要件的有机结合，赋予了“有机性”更多符合现实社会现象的因素。

基于这样的考虑，正当防卫、紧急避险等行为就符合第一层的标准，是四个要件的结合，但是由于其符合社会的相当性，因而不具有有机性，进而不符合第二层的标准，所以不构成犯罪。同理，对于未成年人亲属间的盗窃案件不作为犯罪处理，如“许霆案”的从轻处理的法理理由就是因为虽然说构成四方面要件的结合，但是由于不具有期待可能性，进而否定其有机性。

二、有机性的判断

有机性的判断标准主要有两个：一是社会的相当性；二是期待可能性。所以说，有机性的判断是积极判断与消极判断的统一，是违法性判断和有责性判断的统一。[①] 之所以说其是积极的判断，主要是指期待可能性判断是一种积极的判断。而社会的相当性判断则主要是看有无排除犯罪化事由，所以其是一种消极的判断。[②] 在能

---

① 所谓违法性判断和有责性判断的统一，并不是指有机性完全是两者的判断，而仅仅是指违法性判断和有责性判断的一部分而已。例如，期待可能性就不是有责性判断的全部，而仅仅是有责性判断的一部分，在有机性判断时，有关有责性故意、过失等判断已经为我国通说的犯罪构成理论所吸收，所以在有机性判断之有责性判断时，仅仅考虑期待可能性这样原来在我国犯罪构成中没有位置的因素。

② 从其原理上讲，其也是一种积极的判断，因为社会相当性是违法性判断的一种原理，是指行为因国家、社会之伦理规范而被容许。

肯定行为是四个要件结合的第一次判断下，因为其具有社会相当性，所以其不具有机性，进而否定其犯罪。同理，在行为人不具有期待可能性时，虽然是四个方面要件的结合，但其仍然不具有有机性，进而否定其犯罪。那么，如果行为人的行为符合社会的相当性或者行为人在行为时不具有期待可能性时，都可以否定行为的"有机性"，进而将该行为排除出犯罪圈。

（一）社会相当性

社会的相当性理论，是指那些在通常情况下本来属于违法的法益侵害或者危险行为，只要该行为符合历史、传统形成的国民共同体的生活等秩序而与社会生活相当，就应否定该行为违法性的理论。但是该理论是定位于构成要件该当性的体系位置，还是定位于违法性的体系位置，在大陆法系国家有争议。

构成要件该当性阻碍说认为，社会相当性理论具有限制构成要件该当性的一般作用，通过社会相当性理论可以否定那些与现时社会伦理秩序相一致行为的构成要件该当性。根据此说，只有脱离社会相当性的法益侵害行为或者危害行为才是违法的，而那些符合社会相当性的行为即使侵害了法益或者造成法益的危害也不违法。因为构成要件是违法行为的类型，也就是不具有社会相当性的行为类型，那么社会相当性可以阻却构成要件的该当性。犯罪行为是违背社会道义规范的行为，构成要件是反社会道义规范行为的类型化，并对该行为违法性的认识根据进行解释。所以，对没有该当构成要件行为的违法性进行解释没有任何意义。但是关于对社会而言相当、正当的行为类型——医疗行为，可以将其包括于被类型化的社会相当性行为的概念之中，这些行为原则上是被推定为合法的。在运动、医疗等"社会相当行为"所构成的法益侵害是否该当构成要件时，首先应该判断该行为是否超过了社会的相当性，只有在认为超出这一界限时才能进一步进行违法、有责的判断。[①] 可以看出，该学者认为所谓构成要件该当的判断，是以违法判断为基础的，如果在无违法性的前提下，再进行所谓的构成要件该当判断就没有必要，因为该当构成要件的行为正是违法行为的类型化，所以说社会相当性的有无，也决定了构成要件的该当与否。日本的西原春夫也表示出了同样的旨趣："对于所谓的社会相当行为，因为否定构成要件符合性是妥当的，因此，构成要件符合性的判断是以违法性的判断为前提的。"[②]

但是也有学者认为，如果将社会的相当性作为构成要件该当的判断原理，会有损刑法中的罪刑法定原则，因为社会的相当性本身是一种非常抽象、模糊的理想，其没有具体的判断标准，这相对于需要明确、清晰的判断标准的构成要件来讲，是远远不能够达到其要求的，会对罪刑法定的思想有极大的损害。"总之，在构成要件中，判断某一行为是否符合构成要件的判断是一种抽象的、类型化的判断。然而，由于社会相当性是一种内容模糊的抽象概念，仅以之无法进行抽象的、类型化的判断，而某一行为是否符合社会秩序的判断，是一种具体的、个别的判断。所以，将这种判断纳入抽象的、类型化判断的做法是不妥当的。"[③]

违法阻却事由说认为符合社会相当性的行为是该当构成要件的行为，但是其没有实质的违法性，故意阻却其违法性，换句话说就是社会的相当性是阻却违法性的一般原理。"只有脱离社会相当性的法益侵害行为才是违法的，而符合社会相当性的行为即使侵害了

---

① ［日］藤木英雄：《社会相当行为》，载《可罚的违法性理论》，日本有信堂高文社 1979 年版，第 69 页。

② ［日］西原春夫著：《犯罪实行行为论》，戴波、江溯译，北京大学出版社 2006 年版，第 74 页。

③ 于改之：《社会相当性理论的体系地位及其在我国的适用》，载《比较法研究》2007 年第 5 期。

法益也不违法。”[①] 黎宏教授则讲道：“行为在社会生活中所历史形成的社会伦理秩序范围之内的话，就排除违法性。”[②] 持同样观点的日本大塚仁教授认为所谓的社会的相当性是综合了目的说和优越利益说两者的观点而提出来的，进而肯定了社会的相当性是阻却违法的统一原理。“符合构成要件的行为之所以阻却其违法性，不外乎是因为其行为不具备实质的违法性。因此，可以说，行为最终被上述国家社会的伦理规范所允许，乃是统一地把握所有违法性阻却事由的原理。实质上，这一立场是对目的说和优越利益说的综合。所谓行为的社会相当性观念也应该在这个意义上来理解。”[③]

但该观点也受到了各式各样的批评。第一，因为社会相当性概念本身具有抽象、模糊的特点，如果把这种抽象、不易把握的理论作为阻却违法的标准的话，那么就不需要再研究正当防卫、紧急避险等违法阻却事由的具体要件了，因为根据社会相当性的一般原理就可以阻却违法；第二，如果将拥有普通原理性质的社会相当行为作为正当化事由的话，违法性的界限就缺乏明确性，进而违背法治国的思想；第三，如果否定社会相当性的构成要件符合性的阻却功能，社会相当性理论将会使明显不具可罚性的行为被认为是该当构成要件的行为，从而导致构成要件实际功能的丧失。[④]

其实上述的批评是不成立的，虽然社会的相当性的确不具有层次分明、易于把握的特性，但其仅仅是作为违法阻却事由的原理来存在的，不需要那么强的可操作性。针对会造成违法性的界限缺乏明确性的后果，其实大可不必，因为实际上大陆法系对实质违法性的判断是一种消极的判断，如果存在违法性阻却事由就可以否定违

① 陈家林著：《外国刑法通论》，中国人民公安大学出版社2009年版，第278页。

② 黎宏著：《日本刑法精义》，法律出版社2008年版，第128页。

③ ［日］大塚仁著：《刑法概说（总论）》，冯军译，中国人民大学出版社2003年版，第320页。

④ 于改之：《社会相当性理论的体系地位及其在我国的适用》，载《比较法研究》2007年第5期。

法性的存在，因而这种批评也是不成立的。对于会使明显不可罚的行为被认定为是该当构成要件的行为的批评，更是不能成立，因为在大陆法系的语境下，其三阶层的体系正是三个阶层各自发挥不同作用的基础，构成要件该当性判断阶层就不需要对违法性进行判断，对于某些不可罚行为的排除放到违法性的阶层即可。

在大陆法系三阶层的犯罪论体系中，社会的相当性理论作为构成要件该当的阻却原理或者违法性的阻却原理都遭到不同的批评，那是因为其认定犯罪的体系是阶层性的，并且其构成要件又分为行为类型说、违法类型说和违法有责类型说三种，那么其得出不同的结论也是正常的。但是在我国的犯罪构成理论中，因为我国的犯罪构成是综合性的判断，大陆法系中所谓的构成要件该当性判断、违法性判断和有责性判断都已在我们的犯罪构成理论中一起完成了，所以说社会的相当性理论应当是阻却违法性[①]和阻却犯罪构成的统一原理。

正当防卫、紧急避险、法令行为等行为就是四个要件的结合，但是由于其属于符合历史、传统形成的国民共同体的生活秩序，是目的正当的、为了更大的利益的社会相当性的行为，因而否定了其“有机性”，所以其不是四个要件的有机结合，不是符合犯罪构成的行为，进而不是犯罪行为。

（二）期待可能性

期待可能性理论是大陆法系犯罪论体系中责任领域的一个概念，主要用于说明责任有无和程度。该理论发源于德国，兴盛于日本。据笔者考察，目前在德国已经是不太有力的学说，但是在日本刑法理论界该理论仍是一个热点问题，特别是在 20 世纪五六十年代的日本，有很多的实际案例曾经根据期待可能性理论而判处行为人无罪或作为减轻其责任。一般来讲，期待可能性是指：“在行为时的具体情况之下，能够期待行为人避免犯罪行为实施适法行为的

① 这里所谓的阻却违法性主要是对我国犯罪的客体的一种否定。

情况。无期待可能性时，虽对犯罪事实有认识，也同时存在违法性的意识的可能性，但认为阻却故意责任或过失责任的学说，称为期待可能性的理论。”① 虽然说刑法理论界对概念有了较统一的认识，但是其犯罪论体系中的地位、判断标准、适用范围等有众多的争议。

1. 在大陆法系犯罪论体系中的地位

在德日刑法理论界，对于期待可能性在犯罪论中的具体地位，有众多的观点，有人说其是属于责任中的故意、过失的构成要素；有人称其是和故意、过失并列的第三种责任要素；有人言其属于相对于故意、过失的阻却责任原理。

（1）故意、过失构成要素说。该说认为，期待可能性应当是包括在故意、过失中的要素，或者说是故意、过失的构成要素。例如，有日本学者讲道：“期待可能性是确定责任有无的要素，同时也是确定其程度的要素。在考虑期待可能性的存在以及其程度的同时，首先确定其为积极的责任要素。所以期待可能性是故意责任、过失责任的积极的要素。因为在无期待可能性时，作为构成要件要素的故意、过失虽然存在，但能阻却故意责任、过失责任。”② 从上可以看出，该说认为有构成要件的故意、过失的存在，与责任里的故意、过失是不同的，在不具有期待可能性的场合下，虽然可以肯定构成要件故意、过失的存在，但是却否定了责任故意、过失。有观点认为这样考虑不妥当，因为期待可能性是伴随着规范责任论建立起来的，其是规范责任论的核心内容，如果将其定位于故意、过失要素，与规范责任论的立场冲突。将构成要件故意、过失与责任故意、过失分别予以考虑，则拘泥于心理责任论，但是规范责任论是以批判心理责任论为前提的，再以期待可能性置于心理责任论

① 马克昌：《德、日刑法理论中的期待可能性》，载《武汉大学学报》（社会科学版）2002年第1期。

② ［日］板仓宏著：《新订刑法总论》，日本劲草书房1998年版，第297～298页。

之中，就存在矛盾，设立规范责任论就无必要。还有观点进一步认为，期待可能性本身具有的规范性、客观性的性质与故意、过失主观心理状态的性质不同，将前者置于后者之中，是不合适的。期待可能性是采取替代违法行为的态度有可能期待的形式，具有规范性的意味，而故意、过失是基于犯罪事实的认识或认识可能性的外在特征，以行为人对事实的心理状态为内容，两者的本质显然是不同的。

（2）第三责任要素说。此说认为期待可能性是客观的责任要素，是行为人实施适法行为的一种可能性，因而应该与主观的责任要素的故意、过失区别开，是与其并列的积极的要素。例如，有学者讲道：“期待可能性理论，在责任论中处于何种地位，有各种各样的观点。起初有观点认为，它是与责任能力和故意、过失并列的因素，将其视为第三责任要素，后来又有观点认为其应包含于故意、过失的概念中。起初观点是将故意、过失的内容，单纯作为心理状况把握的心理视为责任论，将作为规范的责任要素被认识的期待可能性与原来的责任要素加以并列。而后说是将故意、过失作为责任的种类、形式来理解，因为作为对行为人的非难的类型把握的，所以认为期待可能性应包含于本来的责任要素。后说虽然较易于理解，但是前说还是优点更为突出。”① 该说的思路是，在判断行为人是否接受刑罚时，除应考虑行为人的责任能力、故意或者过失外，还要判断行为人是否具有进行适法行为的期待可能性。因为在考察行为人行为时是否具有期待可能性，是否应该接受刑罚，都应该考虑行为人的主观动态。与此同时，在判断当时行为人的主观选择时，必须从法律规范的角度来进行。所以说，故意、过失是主观性的归责要素，而期待可能性是客观性的归责要素。

但是反对该说的意见认为，如果将期待可能性与故意、过失和

---

① ［日］大塚仁著：《刑法概说》，冯军译，中国人民大学出版社2003年版，第436页。

责任能力并列，就混淆了对象的评价和评价的对象，期待可能性作为规范责任要素，是对象评价的责任，而故意、过失则是评价的对象，将两者作为平行的要素，是不妥当的。

（3）阻却责任原理说。该说认为，有责性里的故意、过失和责任能力是责任的积极要素，原则上具有这些要素就可以肯定有责性，所以又可称为肯定要素。而期待可能性是责任的消极要素，如果例外地不具有期待可能性就否定责任的存在，所以又可以称为阻却要素。在肯定行为人责任存在时，那么作为积极要素的责任能力、故意或过失必然也存在。但是如果行为人不具有期待可能性，即期待可能性是作为消极要素发挥其作用时，行为人的责任就被阻却。

但有观点质疑该论，因为如果将期待可能性作为阻却责任的原理，那么因为期待可能性弱，而使责任得到减轻的情况就不能合理地得到解决。例如，有学者讲道："期待可能性不仅有判断责任存在与否的一面，其在决定责任的程度上也起着重要的作用，仅认为它是消极的责任要素是不合适的。"①

2. 判断标准

以什么样的人为标准来判断行为人是否具有实施适法行为的期待可能性，也是一个具有争议的问题，德日刑法学者围绕这个问题展开了激烈的争论。

（1）行为人标准说。该学说站在行为人的立场，认为应该行为人本人的具体情况为标准，判断能否期待行为人不实施违法行为而实施其他适法行为。该论认为期待可能性理论本身所具有的对于公平与正义的诉求本质属性是这一标准最好的理由。因为期待可能性理论是为了实现正义而提出的，目的是把陷入恶劣境况中的行为人从责任的追究中解救出来，是对人类的某些脆弱人性的尊敬，因

① ［日］大塚仁著：《刑法概说》，冯军译，中国人民大学出版社2003年版，第439页。

此，应当以具体行为人的状况为标准。从方法论来讲，责任是以行为人为对象的，在判断行为人所面临的客观情况有无期待可能性时，应该以行为人为标准。责任非难既然是针对行为人本人的，就应该以行为人的期待可能性情况为界限，除此之外，没有别的办法判断期待可能性。

该说遭到了来自各方的批评。批评者认为以行为人为标准混淆了道德和法律评价的界限，把刑法个别化理解得过于极端，如果因行为人本身的原因，导致无期待可能性，而一般人在同类情况下具有期待可能性，两者就会受到刑法不同的处理，没有一个统一的标准，这样可能导致法律规制功能发挥得迟缓，背离了法秩序的统一性要求，那么对于两个不同的人实施的相同行为要从两个角度进行考量，有多少种行为就有多少种标准，说到底也是没有标准。例如，有学者就讲道："由于期待可能性是基于外部情形的，所以不能采取行为人标准，对于处于平均人以下的无责任能力者，也就没有讨论期待可能性的必要。但是，对于通常人是有责任能力者，而在何种场合没有期待可能性的问题，认为应当以行为人为标准的观点，破坏了法的期待，招致刑法的软弱化。"①

（2）平均人标准说。该说仍以被期待者的情况来判定其是否具有适法的期待可能性，但其所期待的不是具体的个人，而是根据一般人在当时的境况下是否会做出适法行为来作为以判定是否具有期待可能性。例如，一般人处在当时情形下会选择实施适法的行为，那么就得出行为人有期待可能性；反之，则无期待可能性。此时作为标准的是社会中一般人的情况。之所以以一般人为标准，是因为司法实践证明，法官只能以一般人的标准决定期待可能性的有无。在具体断定行为人当时是否具有适法可能性时，就要根据经验来断定每个人在这种情况下是否像行为人那样行为。选择的这个行

---

① ［日］八国木之著：《新派刑法学现代的展开》，日本成文堂1998年版，第36页。

为人的心理承受能力取一个平均值。法官只能设定一个平均水平的国民类型，并从平均人的立场出发来检验所为行为的合理性。另外，期待可能性是立足于客观标准的。之所以立足于客观标准是因为相同的情况针对不同适法能力受到的处理是一样的，而如果针对不同的人，适用不同的期待可能性的标准，会造成不公平。虽然说该标准具有客观性但与个人责任并不矛盾。国家在刑法立法中对行为的能力进行了必要的限制，一般来说，国家的刑罚只对心理和生理状况健全的成年人有效，而对诸如未成年人无效，这实际上对被期待者所要求的态度已经在一般的刑法规范中予以了调整。那么行为人完全可以根据一般的规范来决定自己的行为，并且应该根据法来考量自己的行为，这就成为行为人该为自己行为负责的理由。

有观点从可操作性、期待可能性本质等方面对平均人标准说予以了批评。因为平均人概念本身存在模糊、界限不清以及缺乏统一标准等不足之处。因为概念本身就无法界定，那么在理论和实践中遭到抨击就是正常的了。虽然更正了行为人标准说在刑罚个别化问题上偏激的做法，但偏离正轨太多，矫枉过正，没有很好体现刑罚个别化的原则。由于平均人标准的一般性，考虑过多内容的前提下抽象出原则性的事由，其在判断材料的选择上比较原则，对行为的情形不可能面面俱到，不能加以完整具体的考虑，对于决定刑罚个别类型的事由也缺乏必要的注意，更不可能通过对相关事由的综合运用，推导出实现刑法个别化的前提性结论。另外，平均人标准说有可能背离期待可能性理论的初衷。因为在司法实践中，有可能出现按照平均的标准人有期待可能性而实际上行为人不具有期待可能性的情况，这样就违背了期待可能性的旨趣。同时还会出现因为其不便的操作性而将这一标准转变为法官自己的标准的现象。正如有学者讲道：“它对法官的人生经验和处世哲学提出了很高的要求，增加了法官职业的难度。感情脆弱之缺陷是不屈不挠的坚毅法官职业之一大难题，它将会对司法公正带来危险。因此，立法者试图凭经验认为最重要的不可能期待为合法行为的情况下，减轻法官们艰难裁判和司法公正的责任。立法者借助于客观特征将最有代表性的情况统一规定为极度的心理压力，并指示法官在具备此等情形时可结论性地推定为不可能指望行为人为合法行为。”①

（3）国家标准说。该说认为处于行为人对面的期待者乃是国家的立场来判断期待可能性是否存在的标准。期待可能性体现的是国家和行为人之间的对立关系，那么就应由期待者，即国家来充当判断的标准。国家所制定的法规充当评判期待可能性的标准，从而判定行为者能否采取适法行为而不实施违法行为。之所以这样考虑是因为法规范和国民之间本来就是期待与被期待的关系，而对此刑法都作了类型化的规定。那么法和国民之间的这种社会关系归根结底都是要由刑法的类型化规定来评价的，在这种情况下评价期待可能性的最佳标准就是立法者。在超法规的责任阻却事由存在的场合，法官对之的判断，实际上是援引实定法规定的类推（并不违反罪刑法定），此时，归根结底还是以立法者为标准的。另外，即使各种法规都有各自具体的目的，但总的来说还是全体法秩序的组成部分之一，不能脱离全体法秩序的目的。

因为国家标准说是使处于强势地位的国家处于期待者的地位，那就会使得判断期待可能性的标准成为国家统治的一个权柄，相对于处于劣势地位的行为人来讲，国家更加处于优势地位，不利于人权保障的实现。其倡导的“法秩序认为有期待可能性时就有期待可能性”难免使这一学说自身陷入不能自圆其说的怪圈。另外，期待可能性本身是对处于人性危急状态行为人道德弱点的一种救济，其标准如以国家法规范为标准，那么救济的目的就不能达到，违背了该理论的初衷。正是因为国家标准说存在内在矛盾，背离了其自身所蕴涵和倡导的宽容和人本主义的初衷，为国家主义观念提供了滋生的温床。正如有学者讲道，国家标准说的价值在于，期待

① ［德］李斯特著：《德国刑法教科书》，徐久生译，法律出版社2000年版，第314页。

可能性的判断不必依靠于个人能力、一般的常识或依据人情的评价等内容，会使对法律的内在指导理念的国家成为期待的一方。这是正确认识该理论的历史性格、界限的必要前提。但值得警惕的是，该方法不恰当地依据国家期待的正当化，有向国家主义靠近的危险。

3. 适用范围

在期待可能性理论的发源地德国，主流的观点是仅仅适用于过失犯罪，对于故意犯罪原则上不能适用，并且仅仅适用于法律明文规定的状况，对于超法规的责任阻却事由，也不能适用。“期待可能性在德国刑法学中并未被有力地主张，而有被逐渐边缘化之虞。因此，在德国刑法学中，期待可能性更多的是被消极地论及，如作为因不可期望合法行为而免责，这是一种超法规的罪责排除事由。”① 但是经过日本学者的引进后，该理论在日本得到了较快的发展，以至成为通说。日本学者大谷实对此讲道：“期待可能性理论，在昭和初期被介绍到日本，之后支持者不断增加，实务界也表示了关心，战后完全成为通说，现在以期待可能性理论为基础的规范责任论也已经成为通说。”② 其不仅可以适用于过失犯罪，同时也适用于故意犯罪，不仅适用于法定的责任阻却事由，还适用于超法规的责任阻却事由。其同时可以作为法规和超法规的责任阻却事由是因为，既然期待可能性思想存在于现实的法律规定中，在缺乏期待可能性的情况下，理应解释为阻却责任。所以只将期待可能性理论作为法定责任阻却事由的解释原理，就不能充分发挥这一理论的作用。其同时适用故意和过失犯罪的理由是，虽然该理论最初是适用于过失犯罪，但是在故意犯罪的情况之下，如果对不具有期待可能性的行为人进行责任上的非难，势必造成强人所难的状况，是

① 陈兴良：《期待可能性的体系地位》，载《中国法学》2008 年第 5 期。

② ［日］大谷实著：《刑法讲义总论》，黎宏译，中国人民大学出版社 2008 年版，第 321 页。

对于哲学上思想的相对自由论这一客观现象的无视，有对行为人过于苛刻之嫌。有学者就此讲道："日本现况，无论故意犯或过失犯，同样可适用期待可能性理论，倘认为只有过失犯可适用期待可能性理论，对于偶为故意犯的情形则加以排斥，不仅违背理论本来的面目，且有招来强加非难的不当结果。"①

4. 我国对该理论的引进

我国对期待可能性理论表现出了极大的兴趣，对此进行了深入的研究，就是否普遍地进行适用，如何将该理论纳入到我国的刑法理论中，有诸多观点。

全面否定说认为，虽然期待可能性在理论上引入了我国，但是，在我国平面的犯罪论体系下，没有植入的可能，有观点认为："期待可能性的性质和地位无法界定，标准比较混乱，而且由于期待可能性理论和我国犯罪构成理论难以找到契合点，引进的实际意义不大，故不能将其移植到我国刑法理论中。"② 另有观点进一步认为，唯有将平面的犯罪构成改革为德日刑法的三段论或者区分违法和有责才是引入的大前提。该观点讲道："要么放弃现有平面型的犯罪构成，要么放弃期待可能性理论。如今，中国刑法学已经对期待可能性理论进行了介绍和宣扬。但要想让其有充分的施展空间，就必须改造平面的犯罪构成。即便一些人并不情愿接受德日的构成要件该当性、违法性、有责性这样的三阶层体系，但是至少要在犯罪构成模型之中区分违法和责任，这应该是基本的。"③ 其理由是，期待可能性理论是以规范责任论为前提的。而我国的犯罪构成并没有体现规范责任论的精神。犯罪构成要件中的犯罪主体和犯罪主观方面，或许与规范责任论有少许的联系，但犯罪主体中的责

---

① 黄丁全：《论刑事责任理论中的危机理论——期待可能性》，载陈兴良主编《刑事法评论》，中国政法大学出版社 1999 年版。

② 姜涛：《期待可能性理论：引进还是拒绝》，载《江苏大学学报》（社会科学版），2005 年第 4 期。

③ 付立庆：《期待可能性的体系地位》，载《金陵法律评论》2008 年春季卷。

任能力、责任年龄，期待可能性的理论没有纳入的可能性。犯罪主观里的故意、过失等，由于期待可能性的规范属性，如纳入其中，将破坏犯罪主观的统一特征。另外，我国平面犯罪构成本身的结构性缺陷过于明显。这些缺点的表现就是违法性和有责性没有进行分层判断，不仅法定的排除犯罪性行为无适用的可能性，同时超法规的阻却责任事由的期待可能性理论也注定不能进行解释。因为我国的责任是成立犯罪之后的一种法律后果，其不是犯罪构成的一个要件，不可能因为无期待可能性而阻却“责任”进而否定为犯罪。

限制使用说认为期待可能性不能大范围的普及，仅仅在性命攸关的生命利益发生冲突的时候，作为一种调节性的理论来适用。持该论的刘艳红教授讲道：“笔者反对将期待可能性作为一般性罪责判断指标，而只宜将之作为起调节作用的刑法原则，在极其稀有的特殊案例中作为刑罚恕免事由予以使用。”① 其理由主要有三：一是因为在期待可能性发源地的德国，在有法律明文规定的情况下，也仅仅是在生命权有冲突的情形下有限度地使用，那么在我国没有明文规定的现实下更应该对其谨慎地使用。二是因为其认为期待可能性是紧急避险的解释原理，我国的紧急避险是否包括在相同价值生命法益的行为有极大的争论，那么期待可能性理论就可以圆满地解决这些争论。因为我国刑法规定紧急避险行为不得超过必要限度。于是造成在法益相差很大时的判断很容易，而法益相等或者难以衡量时就不易于判断。期待可能性理论在这些情况下可以否定行为人罪过的成立，从而排除其构成犯罪而成立免除刑罚的紧急避险。三是因为生命权为刑法规范所要保护的最重要的权利，每个人都有生存的权利。在紧急时刻保护自己的生命是人的本能，不能在此时刻还要苛求行为人拿自己的生命换来对刑法规范的遵守。所以在我国刑法中，期待可能性无论是理论上还是实务中都会得到人们

① 刘艳红：《调节性刑罚恕免事由：期待可能性理论的功能定位》，载《中国法学》2009 年第 4 期。

的推崇。

全面适用说认为期待可能性理论可以作为一种普遍性的原理对行为进行非罪或罪轻的处理。有学者说："期待可能性的存在是刑事责任得以成立的前提条件，期待可能性的判断是责任判断不可或缺的环节。"① 该观点同时认为期待可能性是与故意、过失、刑事责任能力并列的一种主观方面的要素。其理由主要是在我国刑法中，应将责任能力与期待可能性看做相互独立的要素，因为责任能力是事实判断，对具体认定时有明确的、客观的心理学或生理学标准。而期待可能性判断则属于价值判断，是行为人实际上的守法能力不一样的判断。将故意、过失与期待可能性看做相互独立的要素，是因为前者是在刑事责任能力存在的前提下对犯罪动因形成过程所作的规范性评价，是一种心理事实。而对期待可能性则需要进行价值和规范性判断的内容是故意、过失形成过程是否存在值得国家法规范宽恕的因素。另有学者认为，期待可能性作为一种全面适用的原理，是责任能力的一种构成要素。另外的观点认为其是故意、过失的构成要素，是否具有期待可能性是判断故意、过失是否存在的要素。

5. 结论

通过以上的分析可以发现，大陆法系的责任与我国的刑事责任有着重大的区别。在大陆法系，责任是指在行为人实施了符合构成要件该当且违法性的行为以后，对行为人进行道义上的谴责。这种谴责以期待可能性为基础，克服了心理责任论的缺陷，在主张行为人具有期待可能性时，仍然实施违法行为，体现了行为人性格上的危险，吸收了社会责任论的合理成分。

但是我国的刑事责任是指行为人因实施了符合犯罪构成，具有严重社会危害性的行为，那么国家的司法主体就对其行为及其本人进行的否定性的评价。其要素只有故意、过失这些心理事实，对其

① 谢望原、邹兵：《论期待可能性之判断》，载《法学家》2008 年第 3 期。

的理解为行为人对行为本身的心理关系，并将这种心理关系分为对行为的或者结果的认为和可能性，仅仅有故意和过失的存在余地。对其评价为一种应为或不应为的义务或者是一种积极的评价。这样刑事责任就失去了独立存在的意义，变为可有可无的东西。基于此，在我国传统的犯罪构成理论中，就没有其适当的位置。

限制适用说认为只能在关乎生命价值冲突时的限制适用，实际上是将其作为一种特别的主观阻却事由来看待的。但是期待可能性仅仅作为一种特别情况下的阻却犯罪的原理，与人本身所具有的人性特点的普遍性发生了冲突。换句话说，人的那些人性缺陷并不是只当发生在生命冲突时才存在，在除了生命冲突情况之外还存在着许多的重大权利冲突的存在，如果对另外权利冲突时的，基于人性本身具有的缺点做出的行为视为犯罪处理，就是对人性本质特点的漠视，对人权的不尊重，是强人所难，不利于一般预防的实现。

全面适用说里，将期待可能性视为责任能力要素说的观点也不合适，我国刑法中的责任能力是指行为人实施行为时，能够理解自己行为及其后果的严重社会危害性的意义，从而能够控制自己的行为，不去实施违法行为，但这种情况下，仍然去实施危害性，从而要对自己的行为承担刑事责任的能力，这一种纯心理和生理性的判断能力。责任年龄和精神状态，如果符合法定标准时，就可以认为行为人具有责任能力，在刑法中也予以了明确规定，那么责任能力只有责任能力判断和判断，没有其他因素存在的余地。所以说责任能力仅是对行为人行为时自身认识能力状况的客观、心理描述，责任能力可能随着外界的情况而变化。即使是在无期待可能性的情况下，行为人也可以对其行为有认识能力与控制能力。与设立刑事责任能力概念的初衷是相违背的。

全面适用说将期待可能性理论作为与故意、过失并列的第三主观要素也站不住脚，理由如前所述，我国主观故意里的故意、过失就是对客观事实的一种认知和容忍，而期待可能性有规范性的评价在里面，在逻辑上就不是并列关系，并且该观点论述得并不透彻，只是将大陆法类似观点的一种直接移植，并不可取。

全面适用说将期待可能性置于故意、过失里，将其视为判断是否存在故意、过失的一个标准，除了上述的其与故意、过失是不具有同质性之外，就是不能发挥期待可能性判断责任大小的功能，根据我国刑法规定，故意与过失只有存在与否的断定，没有程度强与弱的问题，所以说也是不合适的

全面否定说认为我国犯罪构成理论没有期待可能性存在的位置是站不住脚的。确实在我国犯罪构成里，违法和有责没有分开进行判断，但是违法和有责分开进行判断并不是期待可能性理论存在的前提，既然其是一种规范性的判断，那么其本身综合性、价值性判断的特点就更适合于我国犯罪构成综合性的特质，在具体构建的时候，只要在犯罪构成里进行过故意、过失的评价后，再在下一阶层的有机性判断里进行就可以了。

基于以上分析，期待可能性完全可能适用于我国的犯罪构成，不仅适用于过失犯罪，还适用于故意犯罪，是一种全面适用的阻却犯罪要素。其位置放在有机性的判断之中，具体而言就是判断一个行为是否构成犯罪，在肯定其是四个方面要件的结合的前提下，再进入有机性判断的阶层，期待可能性就是有机性判断的具体标准，不具有期待可能性就否定了四方面要件的结合的有机性，进而否定了犯罪，如果行为人具有期待可能性，当然可以肯定有机性的存在，进而肯定犯罪的成立。需要说明的是期待可能性只是判断有机性判断的要素之一，除此之外还有社会的相当性判断，只有充分考虑两者后，才最终可以判断行为是否具有有机性。

在我国，刑法规定对于刑事责任年龄、精神病人、醉酒的人以及盲人及聋哑人、胁从犯的规定，有关司法解释对于偶尔盗窃家属财物的，不作犯罪处理的规定等，体现了期待可能性的对象及其轻重程度。

具体司法实践中，因贪图享受和因家人重病需要财物而进行的抢劫，其实际判处的刑期就有轻重之分，也是期待可能性发挥了其

作用。现实中的许霆案，[①] 其行为被认定为盗窃金融机构，且数额特别巨大，因此被判无期徒刑，剥夺政治权利终身，并处没收个人全部财产。后经法院重审，改判为5年有期徒刑。本案中，在银行的自动取款机出现故障的情况下，社会上大多数人都不能做到不去取这些财物，更何况其经济状况远不如普通民众。贪便宜是人性共同的弱点，很少有人面对许霆遇到的情况时能够抗拒诱惑，期待他不这样做的可能性降低。法院最终的判断是适当的。

需要说明的是，期待可能性理论不是正当防卫、紧急避险等行为的解释原理，社会的相当性理论才是正当防卫、紧急避险等行为的理论基础。

（三）关于有机性犯罪构成中的客体。

本书认为，犯罪构成要四要件里的犯罪主观要件、犯罪客观要件、犯罪主体内容承继通说的观点，但是犯罪客体的具体内容需要进一步改造，对通说认为的“是危害行为所侵害、威胁被社会主义法律关系所保护的社会关系”这一内涵进行新的阐述。有机性犯罪客体不再用危害行为这个的词语进行限制了，只要是刑法条文明确保护的，就可以认定其为犯罪客体，如故意伤害罪保护的是人的身体健康，那么人的身体健康就是客体，无论其是否受到伤害或威胁，都是犯罪客体。至于如正当防卫等法定的阻却犯罪行为和超法规阻犯罪行为所作用的客体，就更是犯罪客体。试举一案例，赵某有两个儿子，其次子A经常因琐事滋事生非，无端打骂赵某。一日，A与其妻发生争吵，赵某过来劝说。A转而辱骂赵某并将其踢倒在地，并掏出随身携带的手果刀欲刺赵某，赵某起身逃跑，A随后紧追。赵某的长子B见状，随手从门口拿起扁担朝A的颈部打了一下，A因大动脉被打破而死亡。在本案中，可以肯定B的行为是正当防卫，在传统理论中，B这种防卫行为没有侵害A的生命

---

① 参见《男子趁ATM出错提款171次被判无期》，载《新快报》2007年12月17日第1版。

权，不属于故意杀人的犯罪客体。但是本书的观点认为，既然发生了A死亡这种后果，就有人的生命权受到了侵犯，所以说B的行为还是侵害了故意杀人罪的犯罪客体，更何况就算是没有发生这种后果，也不能断定A的生命权不是刑法所保护的犯罪客体。只不过是需要经过有机性判断之后，因其行为具有社会的相当性而否定了四方面构成要件的有机结合性，所以其不构成犯罪。

三、"事实行为、四方面要件结合、有机性"罪与非罪界定体系的合理性论证

（一）充分考虑罪与非罪界定过程的逻辑性，提倡阶层性思维方式，最大限度减少错案发生

就阶层性判断的思维方式有学者讲道："犯罪认定过程是，犯罪事实发生之后，控方收集证据，证明犯罪，对犯罪构成事实予以组合；与此同时，辩方提出自己无罪（如正当防卫等）的主张，对控辩双方的意见，法官都要听取。因此，犯罪成立的基本事实原则上成为证明对象，而阻却事由作为例外情形予以考虑。换言之，犯罪论体系应根据'原则—例外'的关系进行建构。而承认一般之外的个别、普遍之外的特殊的犯罪构成体系必然是能动司法的结果，其本质在于寻求实质合理性和个别合理化，而避免形式合理的僵化。"① 但是本书的阶层性与大陆法系阶层的思考仅仅就"阶层"是一致的，但具体内容有着本质的不同。大陆法系阶层理论的学说认为，在犯罪认定时要采取排除的方法，构成要件该当性、违法性、有责性之间，才会层层递进，环环相扣，各要件之间的逻辑关系才会清晰。根据这种阶层性的结构，在判断一行为是否构成犯罪时，须进行三次评价，构成要件该当性是事实评价，为犯罪提供行为事实的基础。违法性是法律规范，排除正当行为则是阻却违法性。有责性是主观评价，为追究行为人的责任提供主观根据。上述

---

① 周光权著：《犯罪论体系的改造》，中国法制出版社2009年版，第275页。

三个层次的要件形成一个排除机制，形成了具有其自身特色的定罪机制。构成要件符合性具有推定功能，只要行为该当刑法规定的构成要件，就可以原则上推定行为的违法性，也可以推定有责性。

而本书“罪与非罪界定”体系具有阶层性判断特点与大陆系犯罪构成理论的三段论阶层性不同，与我国传统理论的平面型判断也有方法上的不同。笔者认为，“罪与非罪界定”的过程，就是从一般的、形式的、客观的要素开始，再进一步讨论综合的、特殊的、排除的、实质的内容。肯定一个行为是犯罪行为，要经历“事实行为、四要件结合、有机性”三层次的判断。“事实行为”的判断就是一般的、形式、客观的判断，如果现实中发生了自然法意义上的客观危害结果，无论其是否属于行为人故意造成的，还是属于行使正当行为造成的，还是儿童造成的，只要是人造成了这样一个结果，就可以判断造成该结果的行为是事实行为，由此可以看出，事实行为的判断就是一般的、客观的、形式的判断。在确定了“事实行为之后”，需要进入“四要件结合”的判断，该阶层的判断就是综合性的、价值的、法律的判断。因为有个主体要件的判断，将没有达到刑事责任年龄和没有刑事责任能力的人所实施的行为就要排除出去。但是正当防卫等正当行为还是认定其是四方面要件的结合。所以讲，这样的判断是属于大陆法系违法性和有责性两者积极性的判断。最后，再进入“有机性”判断的阶层，因为不具有期待可能性与进行了社会相当性的判断，那么正当防卫等正当行为就被彻底排除出了犯罪的范畴。可以看出，最后阶层的判断是一种排除性的判断，相当于大陆法系违法性和有责性两者综合性的消极判断。

（二）在犯罪构成内部讨论排除犯罪事由，解决传统犯罪构成的体系性矛盾

我国刑法学者夏勇教授认为：“只有正当行为在地位上处于犯罪成立条件之内，才能成为符合司法规律的学说。因此，相应的解决措施就是要站在司法的角度，把正当行为问题移入犯罪构成，使

其成为独立的排除性要件或称消极要件，这样便能在发挥正当行为要件作用的情况下，还能与包括刑事违法性在内的现有犯罪论关系结构相协调。”① 关于正当行为，传统刑法理论有多种观点：有人认为在排除危害性的情况下，其行为在刑法上本来是作为犯罪规定的，但是在特定的条件下为保护合法权益而实施的，所以也就没有了原来的社会危害性；有人认为其是外表上符合犯罪构成，实质上不具有社会危害性的；有人认为排除犯罪性的行为，是指形式上似乎符合某种犯罪构成，而实质上不具有社会危害性和刑事违法性，从而不构成犯罪。上述观点不论如何表述，但其中心思想是在讨论过犯罪构成之后，再考虑正当防卫等排除犯罪的事由。这就与“犯罪构成是判断行为是否构成犯罪的唯一标准”这一理论界共同认可的逻辑大前提发生了矛盾，并且在肯定符合犯罪构成之后，再讨论“排除犯罪事由”这一在我国犯罪论中具有独立意义的理论，就不能及时有效地排除犯罪的成立。那么该判断就是不经济的、不简便的，不利于刑法保障机能的发挥，不利于对司法者的权力进行必要的限制。而之所以存在这样的矛盾主要是因为上述观点将大陆法系中的构成要件该当性与我国的犯罪构成等同看待。在大陆法系犯罪构成论中，犯罪成立具备三个阶层性的标准：构成要件符合性、违法性和有责性。构成要件符合性就是行为该当刑法规定的、具有指导意义的构成要件，在违法性的判断时，有存在“阻却违法事由”情况而使行为不成立犯罪；下一阶层的有责性判断中，还可能存在阻却责任事由而使行为不成立犯罪。这中间，阻却违法性事由与阻却责任事由的判断，都是在犯罪构成理论内部进行的。违法性和有责性两者内涵、外延不同，在犯罪构成要件中的层次、功能也不同，但均具有独立的阻却犯罪成立的功能和意义。可见这种三要件构成论中，在相对意义上既包括积极要件，也包括消极要件。所以说虽然行为符合刑法分则规定的构成要件，但因违法性阻

① 夏勇：《刑事违法性之本土语境》，载《当代法学》2007年9月刊。

却事由或责任性阻却事由而否定了犯罪的成立，这是符合逻辑的。但在我国传统的犯罪构成理论认为，行为一旦符合犯罪构成，犯罪即成立。这样看来，我国的犯罪构成判断其实与大陆法系构成要件该当性、违法性、有责性这三阶层的判断是一致的，大陆法系构成要件该当性的判断仅仅是我国犯罪构成判断中的一部分，两者无论是从内涵还是功能来看，都不具有可比性。

所以，既然犯罪构成是对具有严重社会危害性行为进行是否构成犯罪判断的一般标准，那么在犯罪构成理论中，对于与犯罪有某些相似之处，而又不认为是犯罪的这些排除犯罪性事由就不能予以回避。当某种行为与犯罪构成高度相像，但是其又不是犯罪，有极大的概率被司法机关认定为犯罪时，就需要合理的犯罪构成对其进行准确的判断。本书的观点认为正当防卫等排除犯罪化事由就是四个要件的结合，无论其主观方面、客观方面、客体、主体要件等均具备，是相当于大陆法系构成要件、违法性、有责性的积极方面的判断（无违法性、有责性的消极因素的判断），为了将该类行为排除出犯罪的范畴，就需要借鉴大陆法系层层递进的原理，赋予有机性新的含义，以社会的相当性、期待可能性理论作为有机性的判断标准，再进行下一阶层有机性的判断，最终确保罪与非罪界定的准确性。

《刑法》13 条但书规定："……情节显著轻微危害不大的，不认为是犯罪。"传统刑法理论将该现象表述为因为其不具有社会危害性，而不构成犯罪，社会危害性是以限制入罪的面目出现的，但这在逻辑上是行不通的，现有的犯罪构成理论不能够解决，这样也使犯罪构成理论失去了存在的意义，而有机性则将此类情况表述为，虽然是四个方面的结合，但不是有机的结合，也就是不具有有机性，从这点上来讲，有机性的提出也体现了犯罪构成行为类型化的作用。

（三）继承传统犯罪构成优点，改革成本相对较小

我国传统的犯罪构成理论有着坚实的历史基础、现实基础，有

着简洁、易于司法人员操作等特点。高铭暄教授就此讲道：四要件犯罪构成理论的形成是一种历史性的选择，具有历史必然性。同时，又经受住了历史的考验，具有历史合理性；四要件犯罪构成理论之所以具有强大的生命力，不仅在于其具有充分的历史必然性，更在于其具有明显的现实合理性。中国走的是社会主义道路，我们建设的是有中国特色的社会主义国家。由此决定，我们的法学理论必然也是具有鲜明社会主义特色的法学理论。从更具体的情况看，四要件犯罪构成理论之所以具有现实合理性，一个更重要的原因在于，中国并无大陆法系或英美法系的历史传统。而以四要件犯罪构成理论为核心的中国刑法学体系早已建立数十年，深入人心。四要件犯罪构成理论并不是毫无法理基础的特定政治条件下冲动的产物，而是经过了审慎思考、反复论辩形成的理论精华。[①] 但是其也有缺点，如正当行为在犯罪构成中地位的缺失，对该类行为无法用犯罪构成予以判断，这就显现传统犯罪构成理论只注重于行为入罪的功能，缺乏出罪的功能。直接导致保障人权机能不能在犯罪构成中予以直接体现。而大陆法系的三要件犯罪成立体系，只有三个要件都具备了，犯罪才能最终成立。它是层层递进的、开放的，为被告人提供了辩护余地，动态反映了定罪的逻辑思维过程。三层次间的关系分得比较清晰，它们互相独立，从不同层次、不同角度对犯罪成立所需要的条件进行着判断。而本书提出的认定犯罪的体系，保留了四要件说的基本内容，对于受多年教育的司法工作人员来讲，由于其简洁和操作性强等特点，更易于接受和理解。但是也有变化，增加了事实行为（主要用于规范国民的行为，以更好地保护社会），在犯罪构成内部，对“有机性”予以了新的阐述，进行了阶层性的设计。这样就使正当行为在犯罪构成中有了合适的位置，使处于弱者地位的辩护方在犯罪构成理论中有了制度性的保

---

① 高铭暄：《论四要件犯罪构成理论的合理性暨对中国刑法学体系的坚持》，载《中国法学》2009年第2期。

障，使犯罪构成具有了有利于保障人权的出罪功能。从另一方面来讲，由于传统的四要件说是罪与非罪界定标准一般标准的主要内容，那么司法人员更易于接受，而大陆法系的三要件说与我国的四要件说有着本质的不同，在此情况下，要想让受影响多年的众多司法人员转变观念，需要巨大的社会成本。而本书的观点在保留传统四要件说的基础上，吸收了大陆法系阶层性思考的方法，保留了传统四要件说的实用性，可以说是较为妥当的。

参考文献

一、著作类：

1. 马克昌著：《比较刑法原理——外国刑法学总论》，武汉大学出版社 2002 年版。

2. 马克昌、杨春洗、吕继贵主编：《刑法学全书》，上海科学技术出版社 1993 年版。

3. 马克昌主编：《近代西方刑法学说史略》，中国检察出版社 2004 年版。

4. 马克昌主编：《犯罪通论》，武汉大学出版社 2003 年版。

5. 高铭暄主编：《刑法专论》，高等教育出版社 2006 年版。

6. 高铭暄、马克昌主编：《刑法学》，北京大学出版社、高等教育出版社 2000 年版。

7. 高铭暄、王作富主编：《新中国刑法的理论与实践》，河北人民出版社 1998 年版。

8. 储槐植著：《美国刑法》，北京大学出版社 2005 年版。

9. 吴振兴著：《罪数形态论》，中国检察出版社 2006 年版。

10. 欧阳涛、魏克家、张泗汉主编：《罪与非罪、罪与罪的界限》，人民法院出版社 1995 年版。

11. 赵秉志主编：《刑法争议问题研究》（上卷），河南人民出版社 1996 年版。

12. 赵秉志主编：《犯罪总论问题探索》，法律出版社 2004

年版。

13. 陈兴良著:《刑法哲学》(修订三版),中国政法大学出版社 2004 年版。

14. 陈兴良著:《本体刑法学》,商务印书馆 2001 年版。

15. 陈兴良主编:《刑法学》,复旦大学出版社 2009 年版

16. 陈兴良、周光权著:《刑法学的现代展开》,中国人民大学出版社 2006 年版。

17. 张明楷著:《刑法学》(第三版),法律出版社 2007 年版。

18. 张明楷著:《犯罪论原理》,武汉大学出版社 1991 年版。

19. 张明楷著:《刑法分则的解释原理》,中国人民大学出版社 2004 年版。

20. 张明楷著:《外国刑法纲要》,清华大学出版社 2007 年版。

21. 张明楷著:《法益初论》,中国政法大学出版社 2005 年版。

22. 曲新久著:《刑法学》,中国政法大学出版社 2009 年版。

23. 郑泽善著:《刑法总论争议问题比较研究》,人民出版社 2008 年版。

24. 李海东著:《刑法原理入门(犯罪论基础)》,法律出版社 1998 年版。

25. 刘生荣著:《犯罪构成原理》,法律出版社 1997 年版

26. 贾宇著:《罪与刑的思辨》,法律出版社 2001 年版。

27. 冯军著:《刑事责任论》,法律出版社 1996 年版。

28. 冯军主编:《比较刑法研究》,中国人民大学出版社 2007 年版。

29. 熊选国著:《刑法中行为论》,人民法院出版社 1992 年版。

30. 曾庆敏主编:《刑法》,知识出版社 1981 年版。

31. 高格著:《定罪与量刑》,中国方正出版社 1999 年版。

32. 黎宏著:《日本刑法精义》,法律出版社 2008 年版。

33. 张智辉著:《刑事责任论》,警官教育出版社 1995 年版。

34. 李邦友著:《结果加重犯的基本理论研究》,武汉大学出

版社 2001 年版。

35. 李居全著:《比较刑法学专题研究》，海天出版社 2005 年版。

36. 李居全著:《刑法理论探微》，海天出版社 2005 年版。

37. 王秀梅著:《刑事法理论的多维视角》，中国人民公安大学出版社 2003 年版。

38. 孙春雨著:《中美定罪量刑机制比较研究》，中国人民公安大学出版社 2007 年版。

39. 李玉华著:《刑事证明标准研究》，中国人民公安大学出版社 2008 年版。

40. 于改之著:《刑民分界论》，中国人民公安大学出版社 2007 年版。

41. 周国文著:《刑罚的界限》，中国检察出版社 2008 年版。

42. 何荣功著:《实行行为研究》，武汉大学出版社 2007 年版。

43. 苗生明著:《定罪机制导论》，中国方正出版社 2000 年版。

44. 王勇著:《定罪导论》，中国人民大学出版社 1990 年版。

45. 陈家林著:《外国刑法通论》，中国人民公安大学出版社 2009 年版。

46. 周光权著:《犯罪论体系的改造》，中国法制出版社 2009 年版

47. 郗朝俊著:《刑法原理》，商务印书馆 1930 年版。

48. 许飞著:《比较刑法纲要》（一册），商务印书馆 1936 年版。

49. 韩忠漠著:《刑法原理》，北京大学出版社 2009 年版。

50. 林山田著:《刑法通论》（上册）、（下册）增订七版，台湾大学法学院图书部 2001 年版。

51. 蔡墩铭主编、甘添贵副主编:《刑法争议问题研究》，五

南图书出版公司 2001 年版。

52. 陈朴生著:《刑法专题研究》，三民书局 1983 年版。

53. 洪福增著:《刑事责任之理论》，台湾刑事法杂志社 1988 年印行。

54. 洪福增著:《刑法之理论与实践》，台湾刑事法杂志社 1988 年印行。

55. 许玉秀著:《当代刑法思潮》，中国民主与法制出版社 2005 年版。

56. 陈子平著:《刑法总论》，中国人民大学出版社 2009 年版。

57. 余振华著:《刑法违法性理论》，元照出版有限公司 2001 年版。

58. 余振华著:《刑法深思，深思刑法》，元照出版有限公司 2005 年版。

59. 柯耀程著:《刑法行为评价架构的演变及省思》，中国政法大学出版社 2003 年版。

60. [德] 冈特·施特拉腾韦特著:《刑法总论 I——犯罪论》，杨萌译，法律出版社 2006 年版。

61. [德] 李斯特著:《德国刑法教科书》，徐久生译，法律出版社 2006 年版（修订译本）。

62. [德] 克劳斯·罗克辛著:《德国刑法学总论》（第一卷·犯罪原理的基础构造），王世洲译，法律出版社 2005 年版。

63. [德] 汉斯·海因里希·耶赛克、托马斯·魏根特著:《德国刑法教科书》（总论），徐久生译，中国法制出版社 2001 年版。

64. [德] 恩施特·贝林著:《构成要件理论》，王安异译，中国人民公安大学出版社 2006 年版。

65. [德] 卡尔·恩吉施著:《法律思维导论》，郑永流译，法律出版社 2007 年版。

66. [德] 卡尔·拉伦茨著:《法学方法论》，陈爱娥译，商务印书馆 2005 年版。

67. [日] 西原春夫著：《犯罪实行行为论》，戴波、江溯译，北京大学出版社 2006 年版。

68. [日] 牧野英一著：《日本刑法通义》，陈承泽译，中国政法大学出版社 2003 年版。

69. [日] 木村龟二主编：《刑法学词典》，顾肖荣、郑树周等译校，上海翻译出版公司 1991 年版。

70. [日] 小野清一郎著：《犯罪构成要件的理论》，王泰译，中国人民公安大学出版社 2004 年版。

71. [日] 大塚仁著：《刑法概说》，冯军译，中国人民大学出版社 2003 年版。

72. [日] 大塚仁著：《犯罪论的基本问题》，冯军译，中国政法大学出版社 1993 年版。

73. [日] 野村稔著：《刑法总论》，全理其、何力译，法律出版社 2001 年版。

74. [日] 大塚仁著：《刑法概说（总论）》，冯军译，中国人民大学出版社 2003 年版。

75. [日] 大谷实著：《刑法总论》，黎宏译，法律出版社 2003 年版。

76. [日] 大谷实著：《刑法讲义总论》，黎宏译，中国人民大学出版社 2008 年版。

77. [日] 川端博著：《刑法总论二十五讲》，余振华译，中国政法大学出版社 2003 年版。

78. [日] 曾根威彦著《刑法学基础》，黎宏译，法律出版社 2005 年版。

79. [日] 福田平、大塚仁编：《日本刑法总论讲义》，李乔等译，辽宁人民出版社 1986 年版。

80. [日] 藤木英雄著：《公害犯罪》，丛选功译，中国政法大学出版社 1992 年版。

81. ［日］西田典之著：《日本刑法总论》，刘明祥、王昭武译，中国人民大学出版社 2007 年版。

82. ［日］西田典之著：《日本刑法各论》，刘明祥、王昭武译，中国人民大学出版社 2007 年版。

83. ［日］泷川幸辰著：《犯罪论序说》，王泰译，法律出版社 2005 年版。

84. ［美］罗斯科·庞德著：《法理学》，王保民、王玉译，法律出版社 2007 年版。

85. ［美］E. 博登海默著：《法理学，法律哲学与法律方法》，邓正来译，中国政法大学出版社 1999 年版。

86. ［美］道格拉斯·N. 胡萨克著：《刑法哲学》，谢望原等译，中国人民公安大学出版社 2004 年版。

87. ［英］尼尔·麦考密克著：《法律推理与法律理论》，姜峰译，法律出版社 2005 年版。

88. ［英］A. J. M. 米尔恩著：《人的权利与人的多样性——人权哲学》，夏勇、张志铭译，中国大百科全书出版社 1995 年版。

89. ［韩］金日秀、徐辅鹤著：《韩国刑法总论》，郑军男译，武汉大学出版社 2008 年版。

90. ［意］杜里奥·帕多瓦尼著：《意大利刑法学原理》，陈忠林译，中国人民大学出版社 2004 年版（注评版）。

91. ［意］贝卡利亚著：《论犯罪与刑罚》，黄风译，中国法制出版社 2005 年版。

92. ［俄］库兹涅佐娃、佳日科娃主编：《俄罗斯刑法教程（总论）》（上卷·犯罪论），黄道秀译，中国法制出版社 2002 年版。

93. ［苏］B. H. 库德里亚夫采夫著：《定罪通论》，李益前译，中国展望出版社 1989 年版。

94. ［法］卡斯东·斯特法尼等著：《法国刑法总论精义》，罗结珍译，中国政法大学出版社 1998 年版。

95. ［法］孟德斯鸠著：《论法的精神》，张雁深译，商务印书馆 2007 年版。

二、论文类

1. 莫洪宪、叶小琴：《社会危害性和刑事违法性关系辩证》，载《江苏警官学院学报》2003 年第 4 期。

2. 齐文远、周详：《社会危害性与刑事违法性关系新论》，载《中国法学》2003 年第 1 期。

3. 夏勇：《刑事违法性之本土语境》，载《当代法学》2007 年 9 月刊。

4. 夏勇：《犯罪本质特征新论》，载《法学研究》2001 年第 6 期。

5. 张文、刘艳红：《人格刑法学理论之推进与重建》，载《浙江社会科学》2004 年第 1 期。

6. ［日］大塚仁：《人格刑法学的构想》，载《政法论坛》（中国政法大学学报）2004 年第 2 期。

7. ［德］雅各布斯：《刑法保护什么：法益还是规范适用》，载《比较法研究》2004 年第 1 期。

8. ［德］克劳斯·罗克辛：《德国犯罪原理的发展与现代趋势》，载《法学家》2007 年第 1 期。

9. 余高能：《论刑事违法性作为犯罪本质的合理性》，载《西北大学学报》（哲学社会科学版）2006 年第 4 期。

10. 翟中东：《当代英美刑法中的人格地位与人格评估》，载《河北法学》2009 年第 2 期。

11. 周少元、戴家巨：《从论故杀看沈家本法学研究方法》，载《法制与社会发展》2001 年第 1 期。

12. 田成有等：《法学理论研究方法的回顾与前瞻》，载《云南社会科学》1998 年第 4 期。

13. 杨国庆：《中日法学研究方法与视角比较分析》，载《长春师范学院学报》（人文社会科学版）2007 年第 1 期。

14. 郑戈：《法学是一门社会科学吗—试论法律科学的属性及其研究方法》，载《北大法律评论》1998 年第 1 辑。

15. 陈国庆等：《法学研究方法》，载《国家检察官学院学报》2008 年第 3 期。

16. 林淳：《法学研究方法》，载《西南民族大学学报》（人文社科版）2004 年第 10 期。

17. 刘雪斌：《改革开放三十年的中国法学研究方法》，载《长春理工大学学报》2009 年第 3 期。

18. 张旭、卓黎黎：《构建刑法学研究方法体系》，载《河北法学》2006 年第 3 期。

19. 李其瑞：《论法学研究方法的多元化趋向》，载《法律科学》2004 年第 4 期。

20. 邹晓玫：《系统法学研究方法评述》，载《惠州学院学报》（社会科学版）2007 年 4 月刊。

21. 王世洲：《刑法方法理论的若干基本问题》，载《法学研究》2005 年第 5 期。

22. 王世洲、刘孝敏：《论刑法中违法性的概念与体系性功能》，载《中国刑事法杂志》2008 年 5 月号。

23. 聂立泽、孙海龙：《论刑法中的实行行为》，载《法商研究》2004 年第 4 期。

24. 陈永生：《法律事实与客观事实的契合与背离》，载《国家检察官学院学报》2003 年 8 月第 11 卷第 4 期。

25. 童德华：《犯罪本质的新诠释》，载《湖北警官学院学报》2005 年第 3 期。

26. 黎宏：《判断行为的社会危害性时不应考虑主观要素》，载《法商研究》2006 年第 1 期。

27. 王政勋：《论社会危害性的地位》，载《法律科学》2003 年第 2 期。

28. 李晓明、陆岸：《社会危害性与刑事违法性辨析》，载《法律科学》2005 年第 6 期。

29. 陈兴良：《社会危害性理论——一个反思性检讨》，载《法学研究》2000 年第 1 期。

30. 樊文：《罪刑法定与社会危害性的冲突——兼析新刑法第 13 条关于犯罪的概念》，载《法律科学》1998 年第 1 期。

31. 周光权：《犯罪构成理论：关系混淆及其克服》，载《政法论坛》（中国政法大学学报）2003 年第 6 期。

32. 胡东平：《法益与伦理：实质违法性的双重选择》，载《南昌大学学报》（人文社会科学版）2008 年第 3 期。

33. 郭泽强：《从学派论争角度解读犯罪本质》，载《学习与实践》2006 年第 10 期。

34. 王利宾：《社会危害性理论的刑法学定位》，载《中共郑州市委党校学报》2009 年第 3 期。

35. 邵维国、郭剑峰：《论形式违法性与实质违法性之关系》，载《广州大学学报》（社会科学版）2008 年第 12 期。

36. 管增军：《论犯罪本质特征中的哲学问题》，载《济宁师范专科学校学报》2005 年第 2 期。

37. 刘孝敏：《论法益侵害说与规范违反说之争》，载《法学论坛》2006 年第 1 期。

38. 刘科：《回顾与展望：社会危害性理论研究三十年》，载《河北法学》2008 年第 11 期。

39. 卢萍：《罪刑法定原则之再思考》，载《广西大学学报》（哲学社会科学版）2008 年 9 月刊。

40. 郑军男、胡燕：《德日刑事违法性理论探析》，载《当代法学》2006 年 3 月刊。

41. 胡东飞：《犯罪构成视野中的行为概念》，载《中国刑事法杂志》2002 年第 5 期。

42. 彭泽君：《日本刑法中的可罚的违法性理论及其对我国的

借鉴》，载《法学评论》2005 年第 6 期。

43. 张洪成：《对犯罪本质特征的反思——兼论规范违反说之提倡》，载《中国社会科学院研究生院学报》2009 年第 2 期。

44. 张阳：《社会危害性与刑事违法性的理论冲突及其解决》，载《中国刑事法杂志》2009 年第 5 期。

45. 李丽华、刘志明：《关于对犯罪本质社会危害性理论的反思与探讨》，载《山东电大学报》2002 年第 2 期。

46. 马荣春：《犯罪本质与本质特征新界说》，载《南昌大学学报》（人文社会科学版）2006 年 3 月版。

47. 陈忠林：《大陆法系刑法理论中的违法性概念》，载《中国地质大学学报》（社会科学版）2007 年第 5 期。

48. 周光权：《违法性判断的基准与行为无价值论》，载《中国社会科学》2008 年第 4 期。

49. 赵秉志、陈志军：《社会危害性与刑事违法性的矛盾及其解决》，载《法学研究》2003 年第 6 期。

50. 陈兴良：《社会危害性理论：进一步的批判性清理》，载《中国法学》2006 年第 4 期。

51. 刘艳红：《社会危害性理论之辨析》，载《中国法学》2002 年第 2 期。

52. 冉军、贾黎：《再论犯罪本质》，载《魅力中国》2008 年 12 月上期。

53. 王利宾：《社会危害性理论的刑法学定位》，载《中共郑州市委党校学报》2009 年第 3 期。

54. 刘剑：《刑事违法性理论的反思与重构》，载《河南省政法管理干部学院学报》2006 年第 2 期。

55. 韩永初：《犯罪本质论》，载《法制与社会发展》2004 年第 6 期。

56. 肖敏：《社会危害性说地位之确证》，载《河南公安高等专科学校学报》2009 年第 3 期。

57. 储槐值、张永红:《善待社会危害性概念》,载《法学研究》2002 年第 3 期。

58. 黎宏:《行为无价值论批判》,载《中国法学》2006 年第 2 期。

59. 黄明儒:《论刑法规范的性质与功能》,载《湘潭大学学报》2009 年第 2 期。

60. 陈家林:《论我国刑法学中的几对基础性概念》,载《中南大学学报》(社会科学版) 2008 年第 2 期。

61. 黎宏:《刑法的机能和我国刑法的任务》,载《现代法学》2003 年第 25 卷第 4 期。

62. 周光权:《行为无价值论之提倡》,载《比较法研究》2003 年第 5 期。

63. 刘霜:《对刑法中'危害行为'的反思》,载《河北法学》,2009 年第 7 期。

64. 王安异:《重解刑法中的危害行为》,载《华中科技大学学报》2003 年第 1 期。

65. 周光权:《论刑法学中的规范违反说》,载《环球法律评论》2005 年第 2 期。

66. 黄东平:《论社会危害性理论存在的价值》,载《政法学刊》2009 年第 3 期。

67. 张杰:《论社会危害性的二重建构及与刑事违法性之关系》,载《北京人民警察学院学报》2006 年第 4 期。

68. 付正权:《社会危害性标准研究》,载《国家检察官学院学报》2006 年第 10 卷增刊。

69. 周光权:《规范违反说的新展开》,载《北大法律评论》第 5 卷第 2 辑。

70. 周光权:《当代刑法理论发展的两个基本向度》,载《江海学刊》2004 年第 3 期。

71. 詹红星:《社会危害性理论研究的逻辑前提》,载《法学评论》2008 年第 4 期。

72. 聂立泽、孙立海：《论刑法中的实行行为》，载《法商研究》2004 年第 4 期。

73. 胡江：《我国犯罪构成与德日犯罪成立理论之比较》，载《民主与法制》2008 年第 11 期。

74. 张小虎：《大陆法系犯罪构成理论进程解析》，载《社会科学辑刊》2007 年第 3 期。

75. 韩永初：《大陆法系犯罪论体系的嬗变》，载《河北法学》2007 年第 25 卷第 1 期。

76. 许发民：《二层次四要件犯罪构成论》，载《法律科学》2007 年第 4 期。

77. 聂昭伟：《论罪与非罪认定标准的统——兼论犯罪构成体系的完善》，载《刑法评论》第 7 卷。

78. 冯亚东：《犯罪构成与诸特殊形态之关系辨析》，载《法学研究》2009 年第 5 期。

79. 陈璇：《修正的犯罪构成理论之否定》，载《法商研究》2007 年第 4 期。

80. 童德华：《新中国传统犯罪构成理论问题之检视》，载《湖北警官学院学报》2006 年第 4 期。

81. 郭莉：《我国犯罪论体系重构之检讨》，载《黑龙江省政法管理干部学院学报》2009 年第 3 期。

82. 胡江：《我国犯罪构成与德日犯罪成立理论之比较》，载《民主与法制》2008 年第 11 期。

83. 毛冠楠：《我国犯罪构成体系的再反思》，载《江苏警官学院学报》2006 年第 1 期。

84. 鲁杰、许江：《我国犯罪构成理论逻辑缺陷及其完善》，载《江苏警官学院学报》2007 年第 6 期。

85. 彭文华：《完结的犯罪构成与不完结的犯罪构成之提倡》，载《湘潭师范学院学报》（社会科学版）2009 年 7 月刊。

86. 蔡鋆泽：《试比较分析中外犯罪构成模式》，载《时代经贸》2007 年 7 月刊。

87. 肖乾利：《期待可能性理论与我国犯罪构成理论体系的重构》，载《西南政法大学学报》2005 年 4 月刊。

88. 聂昭伟：《论我国犯罪构成体系的缺陷与完善》，载《法律科学》2006 年第 5 期。

89. 周其华：《论犯罪成立要件与犯罪构成要件的异同》，载《中国刑事法杂志》2004 年第 6 期。

90. 林安民：《拉美刑法中的犯罪构成》，载《犯罪研究》2007 年第 2 期。

91. 林亚刚、邹佳铭：《行为四分法之初探》，载《当代法学》2009 年 5 月刊。

92. 刘艳红：《犯罪构成要件：形式抑或实质类型》，载《政法论坛》2008 年 9 月刊。

93. 关振海：《犯罪构成体系的比较与反思》，载《福建警察学院学报》2008 年第 5 期。

94. 胡东飞：《犯罪构成模型运作论》，载《法律科学》2004 年第 3 期。

95. 喻梅：《犯罪构成模型论》，载《法制与社会》2009 年 2 月下刊。

96. 刘远：《犯罪构成模式的反思与重构》，载《中国刑事法杂志》2006 年第 5 期。

97. 李洁：《犯罪构成理论体系设定需要厘清的基本问题》，载《湖北警官学院学报》2007 年第 1 期。

98. 高星照、梅象华：《犯罪构成理论的反思》，载《菏泽学院学报》2009 年第 1 期。

99. 侯国云：《犯罪构成理论的产生与发展》，载《南都学坛》2004 年第 4 期。

100. 徐剑锋：《犯罪构成理论：刑法谦抑精神之载体》，载

《中国刑事法杂志》2009年第8期。

101. 杨兴培：《犯罪构成的中国春秋》，载《法学》2009年第9期。

102. 冯亚东：《犯罪构成本体论》，载《中国法学》第2007年第4期。

103. 张岱元、李春敏：《对我国犯罪构成理论体系的思考》，载《福建政法管理干部学院学报》2009年9月刊。

104. 侯国云：《当今犯罪构成理论的八大矛盾》，载《政法论坛》2004年7月刊。

105. 袁金彪、李成：《大陆法系犯罪理论体系具体结构研究》，载《江南大学学报》2005年10月刊。

106. 王勇、高拓：《传统犯罪构成理论三阶段史的四维解读》，载《宁波大学学报》2009年9月刊。

107. 赵微：《中俄犯罪构成要件、要素考》，载《法学》2003年第5期。

108. 赵微：《中俄犯罪构成理论刍议》，载《求是学刊》2003年3月刊。

109. 王明辉、唐煜枫：《刑法中正当行为的体系性地位研究》，载《中共长春市委党校学报》2005年10月刊。

110. 张永红：《我国犯罪构成要件的新表述》，载《甘肃政法学院学报》2007年7月刊。

111. 赵秉志、肖中华：《犯罪构成与阻却责任事由关系论》，载《现代法学》1999年8月刊。

112. 李洁：《法律的犯罪构成与犯罪构成理论》，载《法学研究》1999年第5期。

113. 董玉庭、龙长海：《俄罗斯刑法理论上关于犯罪构成结构的争议性问题》，载《北方法学》2008年第4期。

114. 董玉庭、龙长海：《俄罗斯犯罪构成理论的发展新论》，载《求是学刊》2008年7月刊。

115. 黎宏：《我国犯罪构成体系不必重构》，载《法学研究》2006年第1期。

116. 于改之：《社会相当性理论的体系地位及其在我国的适用》，载《比较法研究》2007年第5期。

117. 陈兴良：《期待可能性的体系地位》，载《中国法学》2008年第5期。

118. 黄丁全：《论刑事责任理论中的危机理论——期待可能性》，载陈兴良主编：《刑事法评论》，中国政法大学出版社1999年版。

119. 姜涛：《期待可能性理论：引进还是拒绝》，载《江苏大学学报》（社会科学版），2005年第4期。

120. 付立庆：《期待可能性的体系地位》载《金陵法律评论》2008年春季卷。

121. 刘艳红：《调节性刑罚恕免事由：期待可能性理论的功能定位》，载《中国法学》2009年第4期。

122. 谢望原、邹兵：《论期待可能性之判断》，载《法学家》2008年第3期。

123. 高铭暄：《论四要件犯罪构成理论的合理性暨对中国刑法学体系的坚持》，载《中国法学》2009年第2期。

124. 胡学相、陈文滔：《刑法中的人格问题初探》，载《中国刑事法杂志》2007年第3期。

125. 马克昌：《德日刑法理论中的期待可能性》，载《武汉大学学报》2002年1月刊。

126. 周恩深：《关于期待可能性几个问题的思考》，载《中国刑事法杂志》2003年第6期。

127. 汪力、邹兵：《论期待可能性理论及其合理引入》，载《西南大学学报》（社会科学版）2008年1月刊。

128. 刘德法、王冠：《论我国刑法研究中的期待可能性问题》，载《郑州大学学报》（哲学社会科学版）2003年11月刊。

129. 付立庆：《期待可能性的体系地位》，载《金陵法律评论》2008年春季卷。

130. 陈兴良：《期待可能性的体系性地位》，载《中国法学》2008年第5期。

131. 王立志：《期待可能性理论的产生及适用》，载《中国检察官》2007年第3期。

132. 黄伟明：《期待可能性理论的借鉴意义》，载《金陵法律评论》2008年春季卷。

133. 舒洪水：《期待可能性理论的哲学基础与本土化思考》，载《法律科学》2008年第3期。

134. 章惠萍：《期待可能性理论与我国刑法的借鉴》，载《法学杂志》2009年第8期。

135. 王鹏祥：《期待可能性理论与我国刑法理论的借鉴》，载《河南师范大学学报》（哲学社会科学版）2006年9月刊。

136. 张天虹、徐大勇：《期待可能性理论之地位及判断标准》，载《金陵法律评论》2008年春季卷。

137. 杨国章：《我国借鉴期待可能性理论的分析》，载《政法学刊》2008年4月刊。

138. 陈兴良：《期待可能性问题研究》，载《法律科学》2006年第3期。

139. 童德华：《认识可能性与期待可能性》，载《法商研究》2003年第6期。

140. 于改之：《社会相当性理论的体系地位及其在我国的适用》，载《比较法研究》2007年第5期。

141. 劳东燕：《罪责的社会化与规范责任论的重构——期待可能性理论命运之反思》，载《南京师大学报》（社会科学版）2009年第2期。

142. 牛忠志：《应当如何借鉴期待可能性理论》，载《金陵法律评论》2008年春季卷。

后 记

本书是在我的博士论文基础上修改而成的。在我博士论文完成的那一刻，脑海呈现出“掩卷回眸，往事如昨”这句话来。书山有路勤为径，学海无涯苦作舟，无论如何，博士论文已然完成。河以逶迤，故能远；山以陵迟，故能高。在深沉且秀丽的珞珈山上我收获了很多、很多，有老师们传授的知识、处世的道理，有同学们的友谊，有爱情……

感谢我的导师莫洪宪教授三年来对我的科研和生活各方面给予的支持和帮助。在我博士学习的整个阶段，莫老师对我的鼓励和教诲一直激励我继续前行；我的每一篇论文，每一个进步，都包含着她的心血与汗水；莫老师身上体现了一位真正学者的素质和品质。长期以来她对我倾注了大量的心血和教诲，给我热情的指导和无私的帮助，我将永远铭记在心。导师渊博睿智、严谨治学、兢兢业业、诲人不倦的精神，是我宝贵的财富。在莫老师的运筹帷幄下，由我担任主编，余磊博士、吴情树博士担任副主编的《刑法深思——武汉大学刑法学博士生论文集》得以出版，这是我们2010届刑法全体博士毕业生献给法学院的毕业礼物。感谢余磊师兄、情树同窗好友为同学们所作的贡献。

因为担任法学院博士生会主席的缘故，我得以多次陪同马克昌先生参加各类学术会议和日常生活中的全面接触，在这过程中，马先生对我的博士论文给予了具体指导，使我论文中原来的“定型行为”改为现在的“事实行为”，并指出最重要的是使我论文中的观点能为其他人所接受，但鉴于我学识有限，功力不足，这一期望只有待我对论文继续完善和努力了，我知道，这需要多年的辛苦，甚至是不可能完成的任务。在我的工作和生活方面，马先生也给了重要的帮助和关爱，感谢马先生。

感谢吴振兴教授对我的信任和抬爱，使我有幸参与“刑事疑难案件四方谈”的组织和筹备。经过努力，这一学术活动在学界的影响正日益扩大，正是在这些学术活动中，更加激发了我对基础理论的学习及博士论文写作的灵感。在与吴老师“频繁”的交往中，我感受到了吴老师生活上对待学生的真诚爱护和学识上的渊博，感谢吴老师对我多方面的真诚帮助，我会永远铭记在心。

感谢康均心教授、林亚刚教授、陈家林教授、皮勇教授、何荣功副教授、叶小琴老师、田蒿老师对我的帮助，特别是陈家林教授和何荣功副教授对我论文的指点。

感谢台湾东吴大学陈子平教授，在我校讲学的两个月的期间，由我协调其日常生活，正是在这相处过程中，对我的论文提纲给予了悉心指点。

感谢武汉大学化学分子学院张华山教授、法学院楚龙强书记、安丰雷老师给予我的帮助。

感谢北师大黄晓亮博士对我论文上的帮助，感谢师兄杜辉博士、李磊博士对我论文上的帮助，感谢我的同学2007级刑法博士生胡东平、吴情树、张洪成对我论文上的帮助，感谢惠赠资料，感谢你们的真知灼见。感谢我的师弟、师妹2008级刑法博士生王浩、陈金林、宫步坦、邓小俊、杨阳等对我的帮助。感谢其他师弟、师妹的帮助。

感谢我的同学2007级刑法学博士生杜琪、张红昌、曾彦、郭玉川、马献钊、李坤、袁雪、李晓龙、张纪寒、冉妮莉、田淼、怯帅卫、王东明、绳万勋、肖扬宇、胡剑波、罗永鑫、焦俊峰、杨新红、覃剑峰对我的帮助和对我工作上的支持，特别感谢袁雪、李坤与我的合作，使我们博士生党支部可以顺利地、有效地为同学们服务三年。感谢法学院博士生会民商法、宪政法、国际法、环境法专业其他同人的帮助和支持。在校期间，收获的与同学们的友谊将永远是我宝贵的、美好的财富。

感谢我的家人，正是由于你们的支持，使我得以无后顾之忧地在校进行刑法理论研究。博士顺利毕业，就是我对家人回报的开始。

最后感谢我的爱人钟彦君女士，这是我在校的“最大收获”，作为2009级的刑法博士生，她无论在学习上还是生活上都给予了我深情的支持和帮助。在论文写作期间，在她工作任务繁忙的情况下，无论是家务的承担，还是最高法院案例的收集，她都做了很多、很多。